AF568939

Herzhaft & Süss

STRUDELLUST

So schmeckt Glückseligkeit

HANS BAUER | SANDRA LEITNER

HERZHAFT & SÜSS

STRUDELLUST

So schmeckt Glückseligkeit

FOTOS VON HANS BAUER

VON DER LUST AM STRUDELN

Strudel sind Tradition und Heimat, die man schmecken und genießen kann. Viele haben Kultstatus und sind Soulfood pur: Apfelstrudel, Mohnstrudel, Zwetschgenstrudel oder Lauchstrudel zum Beispiel. Feinste Köstlichkeiten, die nicht nur satt, sondern auch glücklich machen! Wir haben hier die besten Klassiker und ganz neue Strudelkreationen für Sie zusammengebracht. Ergänzt um jede Menge Vorschläge für perfekt abgestimmte Beilagen, die aus den Strudelgerichten echte Highlights machen. Entdecken Sie Ihre Lust am Strudeln! Schon Kaiser Franz Joseph I. soll gesagt haben: „Ein Tag ohne Strudel ist wie ein Tag ohne Sterne!“
In diesem Sinne – guten Appetit!

Sandra Leitner & Hans Bauer

HERZHAFT & SÜSS

STRUDELLUST

85 mal Glückseligkeit

Leckere Suppenstrudel

Herzhafte Genießerstrudel

Süße Verwöhnstrudel

Kleine Snack- und Partystrudel

STRUDELBASICS

Darauf kommt's an

Was macht einen richtig guten Strudel aus?

Ein guter Strudel hat zuallererst eine schöne Farbe. Sie ist bei klassischen Teigen in der Regel goldgelb. Sie kann auch fast schwarz sein, wenn die Teige zum Beispiel mit Kakao oder Sepiatinte eingefärbt werden. Bei gezogenen Strudelteigen sollten die äußeren Schichten knusprig sein. Auch angeschnitten sollte der Strudel beeindrucken. Am Wichtigsten ist, dass die Füllung überzeugt! Sie kann herzhaft oder süß sein. Sie sollte geschmacklich ausgewogen sein. Viele bevorzugen im gebackenen Zustand eine etwas fluffigere Konsistenz der Füllung. Wenn Strudel erkalten, verändert sich oft ihre Beschaffenheit, sie wird meistens etwas fester. Fluffiger oder fester ist reine Geschmacksache und kein Qualitätsmerkmal. Entscheidend bleibt letztendlich der Geschmack.

Womit kann man Strudel füllen?

Strudel können nahezu mit allem gefüllt werden – egal ob herzhaft oder süß. Hier sind der Kreativität kaum Grenzen gesetzt. Halten Sie sich anfangs an unsere Rezepte. Mit der Zeit gewinnen Sie an Sicherheit und können dann selbst kreativ werden.

Aus welchen Teigen kann man Strudel herstellen und wofür verwendet man sie?

Der Klassiker unter den Strudelteigen ist der gezogene Strudelteig. Nahezu jeder hat ihn schon einmal bei einem Apfel- oder Gemüsestrudel gesehen und vielleicht probiert. In der Regel wird dieser Teig aus Weizenmehl hergestellt. Er wird dünn ausgezogen. Er umschließt und schützt den Strudel. Weitere Strudelteige sind zum Beispiel Blätterteige, Mürbeteige, Hefeteige, Quarkteige, Kartoffelteige oder auch Pfannkuchenteige. Rezepte dafür finden Sie auf den nächsten Seiten. Die Teige sind im Grunde austauschbar. Mann kann zum Beispiel einen klassischen Apfelstrudel mit nahezu allen Teigen herstellen. Sie werden etwas dicker verarbeitet und schmecken dadurch intensiver als dünne Teige.

Etwas Strudelwissen zur Königsdisziplin „gezogene, dünne Strudelteige“

Wovor die meisten Strudelanfänger Respekt haben, ist sicher nicht das simple Zusammenkneten eines gezogenen Strudelteiges, sondern das eigentliche

Ziehen des Teiges. Ja, sehr dünn sollte er sein und keinesfalls darf er reißen, so ist das Angst-Szenario, das gerne verbreitet wird. Die Frage ist also: Wie bekommt man einen Teig hin, der sich so ziehen lässt?

Wird Weizenmehl mit Wasser vermischt, verbinden sich die Proteine (Gluten) des Mehls mit dem Wasser und bilden eine gummiartige, elastische Masse. Dabei schließen sich die Proteine des Mehls mit dem Wasser zu einem Netzwerk zusammen. Dieser Effekt ermöglicht das dünne Ausziehen des Teiges, ohne dabei zu reißen. Je länger man dem Teig Zeit gibt, um sich zu entwickeln, umso besser wird die Ziehfähigkeit des Teiges sein! Mindestens ½ Stunde sollte man dem Teig Zeit geben, wenn der Prozess schnell gehen soll. Noch besser lässt sich der Teig ziehen, wenn man ihn 1 oder 2 Stunden bei Zimmertemperatur oder über Nacht im Kühlschrank ruhen lässt. Hat der Teig diese Zeit, ist das eigentliche Ziehen ziemlich leicht und gelingt schon beim ersten Mal sehr gut. Unterstützend wirken Öl, Essig oder Zitronensaft und Ei. Diese Zutaten fördern die Elastizität des Teiges zusätzlich.

Wichtig ist es auch, dass der Teig gut geknetet wird. Das Kneten fördert die Protein-Wasser-Reaktion. Sie werden es spüren, wenn Sie den Teig lange genug bearbeitet haben. Der Teig wird sich in Ihren Händen richtig elastisch, geschmeidig, schön glatt und nicht mehr klebrig anfühlen.

Bewährte und gelingsichere Rezepturen für gezogene Strudelteige finden Sie auf den nächsten Seiten.

Was tun, wenn der Strudelteig reißt?

Sie haben alles richtig gemacht, trotzdem reißt der Strudelteig? Das kann am Mehl liegen, denn man muss wissen, dass Mehle natürliche Produkte sind. Sie können Protein(Gluten)-Schwankungen unterliegen oder sich altersbedingt verändern.

Ein gerissener Strudelteig ist kein Drama. Jedem, der schon Strudelteige gezogen hat, ist er auch schon einmal gerissen! Sie müssen deshalb den Teig nicht gleich neu machen. Gehen Sie so vor:

Erstens: Die Risse oder Löcher sind meist nicht sehr groß. Einfach den Teig mit den Fingern wieder etwas zusammendrücken und verschließen. Dieses Stelle beim weiteren Ausziehen aussparen.

Zweitens: Diese Löcher entstehen meistens außen am Rand. Selbst wenn der Teig in der Mitte gerissen ist, kein Problem. Überlegen Sie kurz, wo sich die Stelle befinden wird, sobald der Teig aufgerollt ist. Meist irgendwo im „Strudelbauch" und nicht an der Außenseite. Sprich, man sieht die kleine Panne in gerolltem Zustand nicht!

Drittens: Falls Sie vor dem Rollen feststellen, dass der Teig sichtbar auf der Außenseite löchrig ist, versuchen Sie, den Teig einfach wieder zusammenzuziehen und zu verschließen. Oder schneiden Sie ein Stück Teig von einem Randstück ab, überkleben damit die Stelle und streuen einfach ein paar gehackte Nüsse, Käse, Semmelbrösel oder etwas Passendes vor dem Backen über den ganzen Strudel und die Stelle. Ebenso können Sie aus Resten des Strudelteiges schmale Streifen schneiden und den Strudel vor dem Backen damit dekorativ belegen. So kaschieren sie das kleine Malheur und verbessern auch noch die Aromatik. Der Geschmack des Strudels ist wichtiger als so eine kleine Banalität. Sie werden sehen, schon bald werden Sie Strudelteige ziehen wie ein Weltmeister – es ist nur eine Frage von etwas Übung.

Was tun, wenn der Strudelteig zu feucht ist?

Das richtige Verhältnis von Mehl und Wasser ist beim Strudelteig entscheidend. Der Teig soll gegen Ende des Knetens glatt und geschmeidig sein, sich etwas feucht anfühlen, aber nicht klebrig sein! Zu feuchte Teige kann man durch Zugabe von etwas Mehl korrigieren. Dazu immer nur wenig Mehl auf einmal einkneten.

Was tun, wenn der Strudelteig zu trocken ist?

Zeigen sich bei längerem Kneten Risse im Teig, wirkt er eher trocken, obwohl Sie ihn fleißig geknetet haben, dann ist er zu trocken. Immer wieder die Hände befeuchten und auf diese Weise etwas Wasser in den Teig einkneten. Das ist zwar etwas mühsam, hilft aber.

Welche Mehle sollte man verwenden?

Für gut ziehbare Strudelteige sind die Proteine (Gluten) im Mehl nahezu unerlässlich. Grundsätzlich gilt: Je höher der Proteingehalt im Mehl ist, desto elastischer wird der Teig. Bei den Weizenmehlen liefern unserer Erfahrung nach das Weizenmehl 550 (Bezeichnung in Deutschland) und das Weizenmehl 700 (Bezeichnung in Österreich) gute Ergebnisse.

Bei Dinkelmehlen bevorzugen wir in Deutschland die Typnummer 630. In Österreich wird das Mehl unter der Typnummer D 700 geführt. Damit haben wir gute Erfahrungen gemacht. Sie können natürlich auch eigene Rezepturen mit anderen Mehlen entwickeln. Wichtig ist immer das Mehl-Wasser-Verhältnis. Der Teig soll gegen Ende des Knetens schön glatt und geschmeidig sein, sich etwas feucht anfühlen, aber nicht klebrig sein. Falls Sie Protein(Gluten)-ärmere Mehle einsetzen wollen, sollten Sie die Teige länger und intensiver kneten. Planen Sie sicherheitshalber auch längere Ruhezeiten für den Teig ein. Damit unterstützen Sie die Proteinreaktion des Mehls mit dem Wasser. So entwickelt sich das „Klebereiweiß" besser und diese Teige werden elastischer. Gehen Sie bei der Rezeptur dieser Teige von unseren Grundrezepten aus, tauschen Sie das Mehl aus und reduzieren oder erhöhen Sie die Wasserzugabe Zug um Zug. So werden die Teige gelingen.

Wie lange kann man Strudelteige aufbewahren?

Im Kühlschrank kann man Strudelteige ca. 2 Tage abgedeckt aufbewahren. Ein Strudelziehteig sollte bei der Weiterverarbeitung Zimmertemperatur haben. Teige, die Butter enthalten, können gleich weiterverarbeitet werden. Es kann sein, dass sich der Teig nach ein paar Tagen im Kühlschrank leicht gräulich verfärbt. Das ist normal.

Kann man Strudelteige einfrieren?

Strudelteige kann man in größerer Menge herstellen und portionsweise einfrieren. Einfach über Nacht im Kühlschrank auftauen lassen. Zum Weiterverarbeiten sollte der Teig Zimmertemperatur haben (siehe oben).

Wie friert man fertige Strudel ein?

Einfach den ungebackenen oder den fertig gebackenen Strudel auf einem Backtrennpapier oder mehlierten Backpapier gefrieren lassen, bis er richtig hartgefroren ist. Dann in einem Gefrierbehälter aufbewahren. Danach gefroren ins Backrohr geben und backen oder bereits gegarte Strudel aufbacken.

Wie füllt man Strudel und worauf ist zu achten?

Grundsätzlich muss man sich bei Strudel-Ziehteigen als erstes dafür entscheiden, ob man einen sehr dünnen oder einen dickeren Teig haben möchte. Welche Gründe für einen dünneren oder dickeren Teig sprechen, worauf man achten sollte und welche Vorteile diese Teige haben, lesen Sie hier:

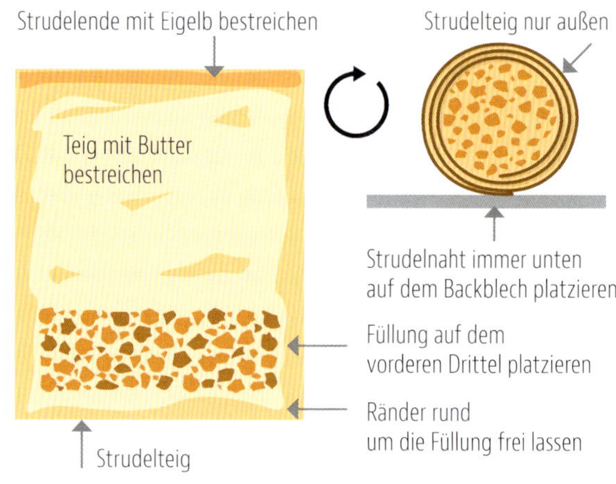

Möglichkeit 1: Sie platzieren die Strudelfüllung nur auf dem vorderen Drittel des Teiges

Wichtig bei dieser Füllmethode ist, dass Sie dünnen Strudelteig verwenden. Vorteil: Sie haben beim gebackenen Strudel außen mehrere Schichten. Der Teig muss dabei unbedingt gebuttert werden, denn die Butter sorgt dafür, dass der Strudelteig knusprig wird. Falls Ihr Teig zu dick wäre, würden die Außenseiten hart werden und schlecht zu schneiden sein. Das ist dann einfach zu viel Teig. Die Ränder rund um die Füllung bleiben grundsätzlich frei. Sie werden beim Zusammenrollen vorher eingeschlagen (siehe Bilderstrecken auf den nächsten Seiten) und sorgen dafür, dass die Füllung beim Backen nicht austritt.

Wann ist diese Art der Befüllung zu empfehlen?

- Wenn Sie eine relativ feuchte und eine wenig kompakte Füllmasse haben,
- wenn viel Ei in der Füllung ist, das sich beim Backen ausdehnt,
- wenn Sie mehr knusprigen Strudelteig haben möchten, statt nur einer Schicht bei der Gesamtfüllung,
- wenn Sie sichergehen wollen, dass der Strudelteig nicht reißt,
- wenn Sie einen formschönen Strudel haben wollen, den man auch stehend präsentieren kann,
- wenn Sie den Strudelteig auch schmecken wollen,
- wenn Sie einen gekauften Filo-,Yufka- oder Strudel-Ziehteig verwenden wollen, dann mehrere Blätter übereinanderlegen, die Blätter buttern, damit sie zusammenkleben und knuspern nach dem Backen. Sie können 2–4 gebutterte Blätter durchaus übereinanderlegen. Machen Sie das von Ihrer Füllung abhängig. Mit der Zeit bekommen Sie ein gutes Gefühl dafür.

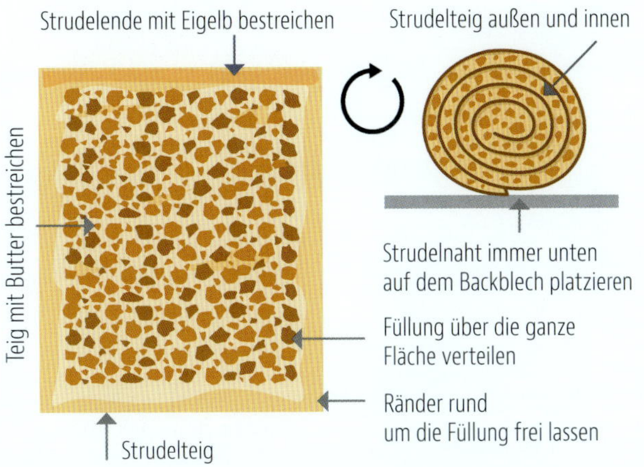

Möglichkeit 2: Sie platzieren die Strudelfüllung auf dem gesamten Teig

Bei dieser Fülltechnik können Sie sowohl dünnere aber besser noch dickere Teige verwenden. Auch hier empfiehlt sich, die Strudel-Ziehteige vor der Befüllung mit flüssiger Butter zu bestreichen. Butter sorgt natürlich für Geschmack und den Knuspereffekt nach dem Backen. Ein Nachteil ist unseres Erachtens, dass dünne Strudel-Ziehteige beim Garen durchweichen und kaum noch wahrnehmbar sind. Bei etwas dicker gezogenen Teigen schmeckt man den Teig, er bleibt auch optisch erkennbar. Die Gefahr, dass Teige beim Backen aufreißen, ist bei der vollflächigen Füllmethode größer, wenn Eier oder aufgeschlagenes Eiweiß in der Teigmasse enthalten sind. Deshalb diese Art Strudel nicht zu eng rollen, damit die Füllung Platz hat, um aufzugehen. Auch Hefeteige, Mürbeteige und ähnliche Teige werden in der Regel vollflächig gefüllt, brauchen aber nicht unbedigt mit Butter bestrichen zu werden. Die Ränder rund um die Füllung bleiben auch hier grundsätzlich frei. Sie werden beim Zusammenrollen eingeschlagen (siehe Grafik oben & Bilderstrecken auf den nächsten Seiten) und sorgen dafür, dass die Füllung beim Backen nicht austritt.

Wann ist diese Art der Befüllung zu empfehlen?

- Wenn Sie eine kompakte Füllmasse haben,
- wenn Sie dickeren Strudelteig bevorzugen,
- wenn Sie den Strudel auf die klassische Weise füllen wollen.

Wie sieht die perfekte Füllung aus?

Achten Sie darauf, dass Ihre Füllung nicht zu flüssig ist, sonst kann es passieren, dass Flüssigkeit beim Backen austritt. Die Zugabe z. B. von Semmelbröseln, Panko-, Mandel- oder Kokosmehl und ähnlichen, trockenen Massen kann Abhilfe schaffen. Dann aber nochmals abschmecken. Schneiden Sie Ihr Füllgut in eine vernünftige Größe, damit der Strudel seine Form behalten kann. Die Garzeiten von 20–45 Minuten sollten bleiben, denn sonst wird der Teig zu dunkel. Achten Sie auch auf Formen, Farben und das spätere Schnittbild des Strudels. Das Auge isst mit!

Tipps und Tricks für den perfekten Strudel

- Küchentuch bemehlen, bevor man den Teig mit einem Nudelholz ausrollt und zieht. Dazu immer Schmuck ablegen (verursacht Löcher im Teig). Immer mit der ganzen Hand ziehen und den Handrücken benutzen. Nicht hektisch, sondern entspannt und langsam vorgehen. Zug um Zug wird der Teig sehr dünn werden.
- Bei gekauften Strudelteigen brauchen Sie kein mehliertes Küchentuch. Sie sind leichter zu verarbeiten.
- Sorgen Sie dafür, dass die Enden der Strudel immer gut verschlossen sind, damit nichts austreten kann.
- Sind Eier in die Strudelfüllung eingearbeitet, daran denken, dass die Masse beim Backen stockt und aufgeht. Sie wird fester und braucht mehr Platz im Strudel. Also nicht zu streng rollen, damit der Strudel beim Backen nicht aufplatzt.
- Stechen Sie den Teig vor dem Backen mit einer Nadel mehrmals ein, damit Feuchtigkeit beim Backen entweichen kann. So reißt der Teig nicht so schnell auf.
- Bestreicht man den Strudel vor dem Backen mit Eigelb, bekommt er eine schönere Farbe und wird knuspriger.
- Bestreicht man den Strudel vor dem Backen mit Butter oder Olivenöl, wird er ebenfalls knuspriger.
- Falls der Teig nach dem Backen zu hart geworden ist, decken Sie ihn direkt nach dem Backen mit einem Tuch ab oder streichen Sie ihn mit Salz- oder Zuckerwasser leicht ein und lassen ihn abkühlen. Dann wird er weicher.

Drei bewährte Strudel-Ziehteig-Rezepte:

WIENER STRUDELTEIG

300 g Mehl Typ 550 (DE), Typ 700 (Ö)
1 EL ÖL, 1 EL Essig , 1 Prise Salz, 125 ml lauwarmes Wasser, Öl zum Bestreichen

Das Mehl in eine Schüssel sieben, restliche Zutaten dazugeben und zu einem glatten Teig verarbeiten. Den Teig mit Öl einstreichen, in eine Schüssel legen, mit Klarsichtfolie abdecken und mindestens ½ Stunde ruhen lassen. Je länger, desto besser. Dabei entwickelt sich die Ziehfähigkeit des Teiges, der Essig verstärkt diese Wirkung. Der Teig wird traditionell sehr dünn ausgezogen.
Teigmenge für 7–8 Stücke.

BAYERISCHER STRUDELTEIG

300 g Mehl Typ 550 (DE), Typ 700 (Ö)
1 EL ÖL, 1 Prise Salz, 1 Ei, 125 ml lauwarmes Wasser, Öl zum Bestreichen

Das Mehl in eine Schüssel sieben, restliche Zutaten dazugeben und zu einem glatten Teig verarbeiten. Den Teig mit etwas Öl einstreichen, in eine Schüssel legen, mit Klarsichtfolie abdecken und mindestens ½ Stunde ruhen lassen. Je länger, desto besser. Dieser Teig kann auch nicht ganz so dünn verwendet werden.
Teigmenge für 7–8 Stücke.

DINKEL-STRUDELTEIG

300 g Dinkelmehl
(bei Bioqualität etwas mehr Wasser verwenden), 1 EL ÖL, 1 Prise Salz
150 ml lauwarmes Wasser
Öl zum Bestreichen

Das Mehl in eine Schüssel sieben, restliche Zutaten dazugeben und zu einem glatten Teig verarbeiten. Den Teig mit etwas Öl einstreichen, in eine Schüssel legen, mit Klarsichtfolie abdecken und mindestens ½ Stunde ruhen lassen. Je länger, desto besser entwickelt sich die Ziehfähigkeit des Teiges. Er kann dünner und dicker ausgezogen werden.
Teigmenge für 7–8 Stücke.

Strudel-Ziehteig herstellen – so wird er perfekt:

1. Gesiebtes Mehl in eine Schüssel füllen.

2. Das lauwarme Wasser dazugießen.

3. Öl, ggf. Essig und Ei, je nach Rezept einfüllen.

4. Eine Prise Salz darf nicht fehlen.

5. Mit einem Handrührgerät gut vermengen.

6. Mit der Hand oder Faust weiterkneten, bis der Teig glatt und kompakt wird.

7. Den Teig mit Öl einpinseln.

8. Mit Klarsichtfolie abdecken und mindestens ½ Stunde oder länger, auch über Nacht, im Kühlschrank ruhen lassen. Dann 1 Std. bei Zimmertemperatur warm werden lassen.

9. Den fertigen Teig aus der Schüssel nehmen und wie auf Seite 13 weiterverarbeiten.

Strudelteig ziehen – so klappt es auf Anhieb:

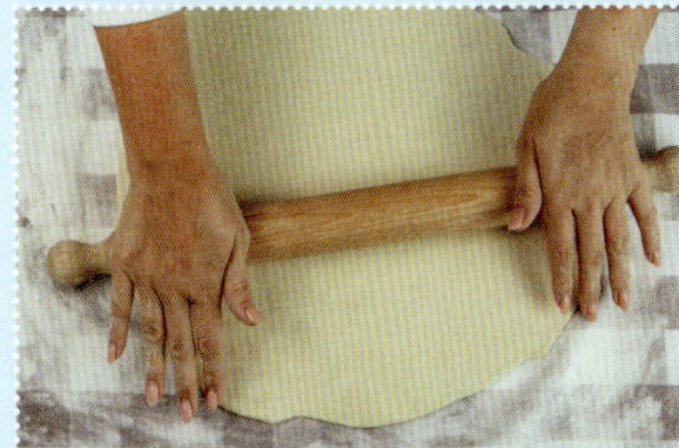

1. Strudelteig auf einem bemehlten Tuch mit dem Nudelholz ausrollen.

2. Jetzt mit den Händen weiter ausziehen. Dazu den Teig mit allen Fingern an den Rändern vorsichtig ziehen.

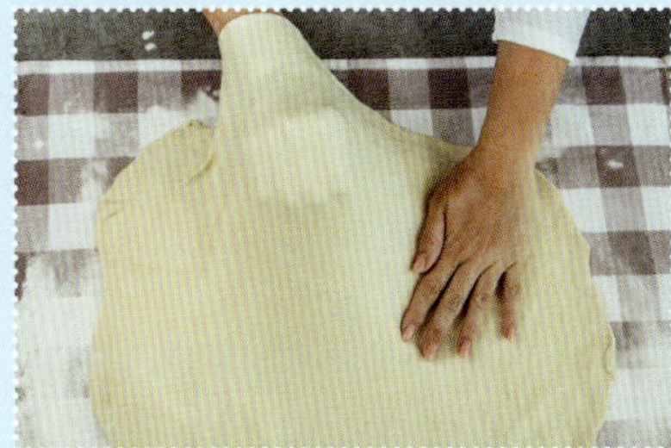

3. Den Teig mit dem Handrücken ausziehen. Dabei mit einer Hand festhalten und mit dem Handrücken der anderen Hand ziehen.

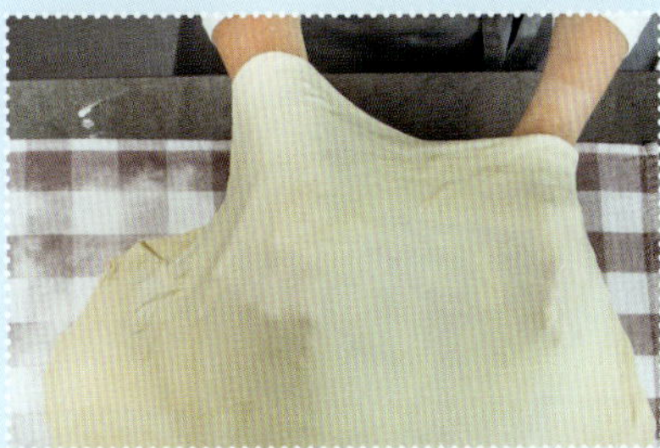

4. Sie können den Teig auch gleichzeitig mit beiden Handrücken großflächiger ausziehen.

5. Den Teig dünn und rechteckig ausziehen. Man sollte leicht durchsehen können.

6. Mit einem Messer die dickeren Teigenden entfernen und rechteckig zuschneiden.

7. Variante 1: Füllung nur auf dem vorderen Drittel platzieren. Ränder frei lassen.

8. Variante 2: Die Füllung auf dem ganzen Teig verteilen. Ränder frei lassen.

9. Weiterverarbeitung gleich: beide Längsseiten des Teiges über die Füllung schlagen.

10. Mit Hilfe des Tuches den Strudel aufrollen.

11. Das Ende des Teiges mit Eigelb bestreichen.

12. Den Strudel mit dem Tuch auf ein mit Backpapier belegtes Backblech legen.

13. Den Strudel mit Eigelb und Butter bestreichen. So bekommt der Teig eine schöne Farbe und knuspert besser.

14. Mit einer Nadel Löcher in den Teig stechen, damit Feuchtigkeit beim Backen entweichen kann.

15. Im Backofen bei 180 °C Ober-/Unterhitze ca. 30–45 Min. backen, abkühlen lassen und ggf. mit Puderzucker bestreuen.

Weitere Strudelteig-Rezepte:

Der klassische Strudelteig ist der Ziehteig in verschiedenen Abwandlungen, wie auf der Vorderseite rezeptiert. Aber auch andere Teige eignen sich hervorragend zur Strudelherstellung. In Südtirol wird zum Beispiel der Apfelstrudel auch gerne mit einem Mürbeteig hergestellt. Sehr gut schmeckt ein Apfelstrudel oder Blätterteigstangerl mit dem „schnellen Blätterteigrezept". Es ist einfach in der Herstellung. Klassischerweise wird der Mohnstrudel mit einem Hefeteig gebacken. Grundsätzlich können Sie für nahezu alle Strudel in diesem Buch auch die anderen Teige verwenden, mit Ausnahme der kleinen Partystrudel. Da sollten die Teige schon sehr dünn sein. Hier kann man auch auf gekaufte türkische Filoteigblätter zurückgreifen, die man so dünn kaum selbst hinbekommt – siehe Kapitel „Strudelteige selber machen oder fertig kaufen".

TOPFEN-MÜRBETEIG MIT ÖL FÜR STRUDEL

200 g Mehl Typ 550 (DE), Typ 700 (Ö)
70 g Topfen, 2 EL Öl, 1 Eigelb
25 ml lauwarmes Wasser, 1 Prise Salz
Öl zum Bestreichen

Das Mehl in eine Schüssel sieben, restliche Zutaten zufügen und zu einem glatten Teig verkneten. So lange kneten, bis der Teig elastisch ist. Danach zu einer Teigkugel formen und mit Öl bestreichen, in eine Schüssel legen und mit Klarsichtfolie abdecken. Mindestens 30 Minuten ruhen lassen.
Teigmenge für 7–8 Stücke.

TOPFEN-BLÄTTERTEIG FÜR STRUDEL

300 g Mehl Typ 550 (DE), Typ 700 (Ö)
250 g kalte Butter, 250 g Topfen, 1 Eigelb
1 Prise Salz

Das Mehl in eine Schüssel sieben, die restlichen Zutaten dazugeben und zügig zu einem glatten Teig verkneten.
Den Teig in Klarsichtfolie wickeln und mindestens 45 Minuten im Kühlschrank ruhen lassen. Auf einer bemehlten Fläche zu einem Rechteck ausrollen und weiterverarbeiten wie auf Seite 15 ab Bild 5 dargestellt.
Teigmenge für 7–8 Stücke.

HEFETEIG FÜR STRUDEL

500 g Mehl, 42 g Hefe, 250 ml Milch
60 g Butter, 50 g Zucker, 1 Ei, 1 Prise Salz
etwas Öl

Das Mehl in eine Schüssel sieben und in die Mitte eine Mulde drücken. Die Hefe hineinbröseln. Die Milch mit der Butter und dem Zucker erwärmen und so lange miteinander verrühren, bis sich der Zucker aufgelöst hat und die Butter geschmolzen ist. Das Milchgemisch zum Mehl und zur Hefe geben. Zusammen mit dem Ei und der Prise Salz mit dem Handmixer rasch zu einem Teig verkneten. Mit den Händen ca. 10 Minuten weiterkneten. Eine Schüssel mit Öl auspinseln und den Teig hineinlegen. Zugedeckt an einem warmen Ort ca. 1 Stunde gehen lassen, bis sich das Volumen des Teiges verdoppelt hat (siehe S. 16). Teigmenge für 7–8 Stücke.

KLASSISCHER MÜRBETEIG FÜR STRUDEL

300 g Mehl Typ 550 (DE), Typ 700 (Ö)
200 g Butter in Stückchen, 125 g Zucker
1 Ei, 1 Päckchen Vanillezucker
1 Msp. Zitronenschale, 1 Prise Salz

Das Mehl in eine Schüssel sieben, restliche Zutaten dazugeben und zu einem glatten Teig verkneten.
Den Teig zu einer Kugel formen und in Klarsichtfolie wickeln. Mindestens 1 Stunde im Kühlschrank durchkühlen lassen. Teigmenge für 7–8 Stücke.

SCHNELLER BLÄTTERTEIG FÜR STRUDEL

300 g Mehl Typ 550 (DE), Typ 700 (Ö)
200 g kalte Butter in Stückchen
150 ml kaltes Wasser, 125 g Zucker
1 Ei, 1 Päckchen Vanillezucker
1 Msp. Zitronenschale, 1 Prise Salz

Das Mehl in eine Schüssel sieben. Die kalte Butter (am besten vorher 15 Min. ins Gefrierfach legen) in kleine Würfel schneiden und mit den restlichen Zutaten zum Mehl geben. Mit den Händen rasch zu einem Teig verkneten. Weitere Verarbeitung siehe Seite 15.
Teigmenge für 7–8 Stücke.

VOLLKORNTEIG FÜR STRUDEL

300 g Weizen-Vollkornmehl
2 EL Öl, 1 Ei, 120 ml lauwarmes Wasser
1 Prise Salz, Öl zum Bestreichen

Das Mehl in eine Schüssel sieben, restliche Zutaten dazugeben und zu einem glatten Teig verkneten.
So lange kneten, bis der Teig elastisch ist. Danach zu einer Kugel formen und mit Öl bestreichen. Den Teig in eine Schüssel legen und mit Klarsichtfolie abdecken. Mindestens 1 Stunde ruhen lassen.
Teigmenge für 7–8 Stücke.

Schneller Blätterteig – einfach zu machen und sehr lecker:

1. Das Mehl in eine Schüssel sieben.

2. Butter, Salz und kaltes Wasser dazugeben.

3. Mit dem Handrührgerät vermengen.

4. Teig mit der Hand weiterkneten und ggf. im Kühlschrank etwas fest werden lassen.

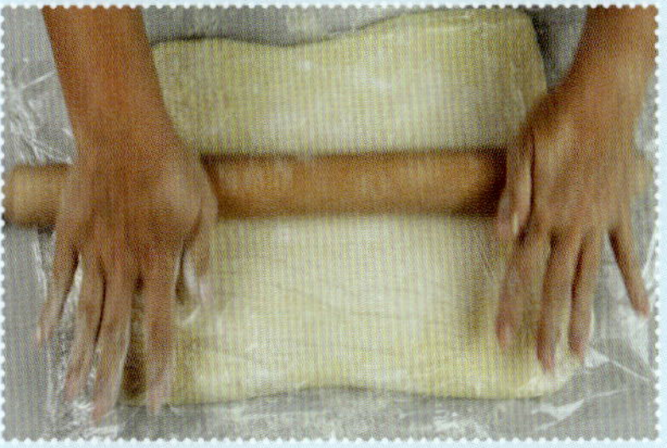

5. Den Teig mit oder ohne Frischhaltefolie ausrollen, je nachdem, wie es besser funktioniert.

6. Den gerollten Teig links und rechts einschlagen. Siehe Illustrationen unten.

7. Jetzt den Teig von unten einschlagen ...

8. ... und von oben einschlagen. Siehe Illustrationen unten.

9. Den Teig mit dem Nudelholz ausrollen und immer wieder neu einschlagen.

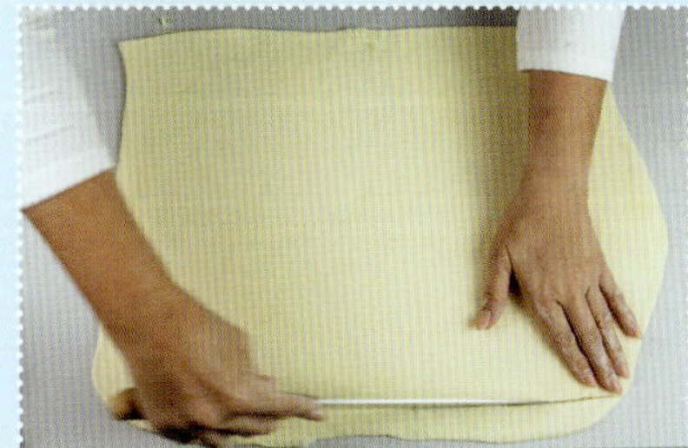

10. Je öfter man den Teig faltet und wieder ausrollt, desto blättriger wird er. Am Schluss den Teig in Form schneiden.

11. Die Füllung auf den gesamten Teig auftragen. Die Ränder ca. 3–4 cm frei lassen.

12. Die Ränder einschlagen und den Teig mit der Hand aufrollen.

13. Strudel mit Eigelb und Butter bestreichen.

So oder so falten Sie den Teig am besten:

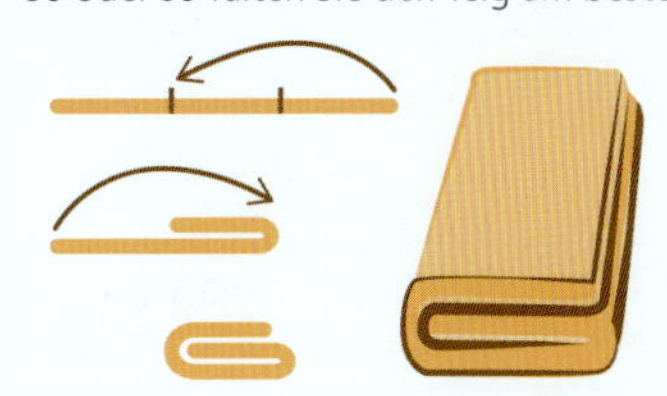

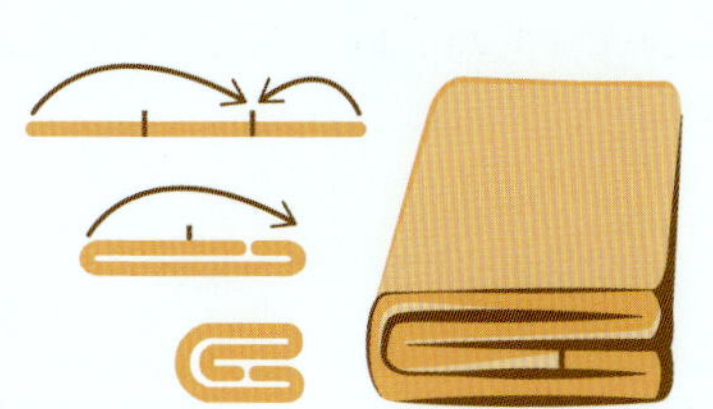

In der Fachsprache nennt man diese Falttechniken „Tourieren".

Strudel mit Hefeteig – so wird er gemacht:

1. Das Mehl in eine Schüssel sieben.

2. Die Hefe zerkleinern und zum Mehl geben.

3. Milch, Butter und Zucker in einem Topf schmelzen, auflösen und Milch-Butter-Flüssigkeit etwas abkühlen lassen.

4. Die „Buttermilch" zum Mehl geben.

5. Das Ei und eine Prise Salz zufügen.

6. Mit dem Handmixer den Teig vermengen, dann ca. 10 Minuten mit der Hand kneten.

7. Den Teig mit Klarsichtfolie abdecken und an einem warmen Ort 1 Stunde gehen lassen.

8. Das Volumen soll sich nahezu verdoppeln. Den Teig auf eine bemehlte Unterlage geben.

9. Den Teig mit einem Nudelholz auf ca. 5 mm Teigdicke ausrollen.

10. Den Teig rechteckig in Form schneiden.

11. Die Füllung darauf verteilen

12. Die Füllung glatt streichen. Die Teigränder frei lassen.

13. Die Teigränder einschlagen und den Strudel aufrollen.

14. Den gerollten Strudel auf ein Backblech mit Backpapier mit der Nahtseite nach unten legen.

15. Mit einem Tuch abdecken. Nochmals 20 Min. gehen lassen. Mit Eigelb und flüssiger Butter bestreichen. Dann im Backrohr ca. 30–40 Min. bei 180 °C Ober-/Unterhitze backen.

Strudelteige selber machen oder fertig kaufen?

Lust auf Strudel und keine Zeit, den Teig selbst zu machen? Kein Problem, in den Lebensmittelgeschäften findet man heute viele industriell hergestellte Teige in den Kühlabteilungen, die man problemlos verwenden kann. Wie gut sind diese Teige? Um das herauszufinden, haben wir verschiedene Produkte wie Blätterteig, Yufkateig (türkische Variante des Strudelteiges) und gezogene Strudelteige verschiedener Hersteller ausprobiert. Entscheidend waren für uns die leichte Verwendbarkeit, der Geschmack und das Backergebnis. Unsere persönliche Empfehlung:

Drei Favoriten haben sich für uns herauskristallisiert: Zum einen ist das der österreichische Hersteller Tante Fanny. Die Produkte des zweiten Anbieters sind nur online zu beziehen. Er beliefert auch die Profigastronomie mit seinen Produkten: Bos Food (www.bosfood.de). Der Dritte im Bunde wäre das türkische Unternehmen Öz-Yil mit seinem Yufkateig, der z. B. für Börek verwendet wird: erhältlich im türkischen Supermarkt. Aber der Reihe nach.

Tante Fanny hat uns mit ihrem Yufkateig, Blätterteig und gezogenen Strudelteigen besonders überzeugt. Bei der Verarbeitung empfehlen wir immer, mehrere Teigblätter übereinander zu legen und jede Schicht mit Butter zu bestreichen. So halten die Blätter nicht nur besser zusammen, sondern werden auch knuspriger. Zudem verringert sich die Gefahr, dass der Teig beim Backen aufreißt. Ein weiterer Vorteil besteht darin, dass die Strudel ihre Form besser behalten und auch mal dekorativ stehend präsentiert werden können. Das gilt natürlich für selbst gemachte Strudelteige gleichermaßen.

Der Strudelteig von **Bos Food** wird unseres Wissens heute häufig in der Gastronomie eingesetzt. Er wird tiefgefroren geliefert, man kann ihn also gut aufbewahren. Für ihn gilt das Gleiche wie für die anderen Hersteller. Auftauen, auspacken, mit Butter oder Öl bestreichen, Füllung verteilen, einrollen und ab in den Backofen. Das Handling ist wirklich einfacher als bei selbst gemachten Teigen. Dafür braucht es nicht mal ein mehliertes Küchentuch. Geschmacklich sind die Teige der drei Hersteller ähnlich, sprich relativ geschmacksneutral. Das ist kein Nachteil, denn, seien wir mal ehrlich, der Strudelteig hat in erster Linie die Aufgabe, die Füllung zusammenzuhalten und zu schützen. Wenn Teige sehr dünn ausgerollt sind, schmeckt man auch von selbst hergestellten Teigen nicht wirklich viel. Eher geht es um den Knuspereffekt beim Backen. Diese Strudelteige passen zu herzhaften und süßen Strudeln gleichermaßen.

Der dritte im Bunde ist der Yufkateig von **Öz-Yil**. Wir haben ihn für unsere Party- oder Snackstrudel verwendet. Die Form ist nicht rechteckig, sondern dreieckig. Er ist konzipiert für die Herstellung von Börek. Der Vorteil liegt auf der Hand – dünn, die richtige Größe und mehr Füllung im gerollten Zustand.

Alle drei Hersteller haben beim Backergebnis überzeugt. Der Blätterteig blättert richtig schön auf, ohne zu reißen. Die Yufka- und Strudelteige blieben kompakt, knusperten anständig und waren für unseren Geschmack überzeugend.

Verwenden wir gekaufte Strudelteige?

Die Antwort ist ein klares Jein! Manchmal ist einfach keine Zeit. Wenn wir z. B. nur kleine Ministrudel machen wollen, dann greifen wir auf das dafür perfekte Produkt von Öz-Yil zurück.

Bei einem Bayerischen Apfelstrudel, bei dem der Teig etwas dicker sein darf, würden wir ihn immer selbst machen. Egal ob man Dinkelteig oder klassischen Weizenmehlteig nimmt, hier schmeckt man den Unterschied, weil der Teig schlicht und einfach dicker ist. Wir finden sowieso, dass etwas dickere Teige in Verbindung mit Apfel oder anderen Füllungen lecker sind. Das Dogma von superdünnen Strudelteigen halten wir schlichtweg für übertrieben. Damit bekommt man nur eine dünne, relativ neutral schmeckende Knusperschicht und Apfelgeschmack, wie beim Wiener Apfelstrudel. Unser Bayerischer Apfelstrudel überzeugt mit einem etwas dickeren und geschmackvolleren Teig, Knuspereffekt und Apfelgeschmack. Sobald man Teige einfärben will, ob mit Kakao oder anderen Zutaten, muss man sie selbst machen, denn solche Teige gibt es nicht zu kaufen. Entscheiden Sie selbst! So ein Strudelteig ist einfach und schnell gemacht. Was er aber immer braucht, ist Ruhezeit, damit sich die Ziehfähigkeit entwickeln kann. Je länger, desto besser. Und Strudelteige auszuziehen, ist ziemlich einfach.

LECKERE SUPPEN-STRUDEL

TOMATENSTRUDEL

Bärlauch-Basilikum-Suppe / Spargel / Hechtklößchen

Neue Suppen-strudel

Dieser Strudel passt wunderbar zum Frühling. Spargel, Bärlauch, Basilikum und Tomaten vereinen sich zu ganz neuem Suppen- und Strudelgenuss.

TOMATENSTRUDEL:

400 g Tomaten, Filets, geviertelt (das entstehende Tomatenwasser und Kerne aufbewahren für die Suppe)
Salz, Puderzucker, Pfeffer
Olivenöl, fruchtig, mild
2 Knoblauchzehen, fein gehackt
etwas Ingwer, gerieben
20 g Kräuter: Oregano, Minze, Rosmarin, Salbei, Lorbeer, fein gehackt
Strudelteig (siehe Seite 12) oder gekaufte Strudel- bzw. Filoteigblätter
Butter, flüssig, 1 Eigelb
Masse für ca. 4 Stücke

ZANDERNOCKEN:

150 g Zander, ohne Haut, sehr kalt
1 Eiweiß, sehr kalt
100 ml Sahne, sehr kalt
Salz, Pfeffer, Muskat, etwas Butter

BÄRLAUCH-BASILIKUM-SUPPE:

250 g Spargelabschnitte, grün & weiß
100 g Egerlinge, 100 g Lauch, das Grüne
100 g Staudensellerie, 100 g Kohlrabi
10 g Salz, 20 g Zucker
100 g Zwiebeln, 1 Knoblauchzehe
500 ml Wasser
150 ml Weißwein, 150 ml Noilly Prat
ca. 12 Spargelspitzen, weiß und grün
250 ml Sahne

Bärlauch-Basilikum-Paste
60 g Basilikum,
20 g Petersilie, 20 g Bärlauch
50 g Sauerrahm
100 ml Sahne
Salz, Pfeffer, Zucker

Tomatenstrudel: Den Backofen auf 90 °C Ober-/Unterhitze vorheizen. Auf ein Backblech ein Backpapier legen. Darauf die Tomatenfilets verteilen. Mit Salz, Puderzucker, Pfeffer und Olivenöl kräftig würzen. Den gehackten Knoblauch und den Ingwer darüber verteilen. Mit den Kräutern bestreuen und im Backofen 3 Stunden trocknen lassen. Danach die Masse herausnehmen, fein hacken, nochmals mit Salz, Zucker und Pfeffer abschmecken.

Strudelteig oder 3–4 Filoteigblätter jeweils mit flüssiger Butter bestreichen und übereinanderlegen. Die abgekühlte Tomatenmasse auf dem vorderen Drittel verteilen. Die Ränder jeweils ca. 2–3 cm frei lassen, einschlagen und den Strudel fast ganz aufrollen. Das letzte Stück mit etwas Eigelb bestreichen. Es wirkt wie ein Kleber und hält den Strudel zusammen. Den fertig gerollten Strudel rundum mit Eigelb und Butter bestreichen. Mit einer Nadel mehrere kleine Löcher einstechen, damit Feuchtigkeit beim Backen entweichen kann. Auf ein mit Backpapier belegtes Backblech legen und im vorgeheizten Backrohr bei 180 °C Ober-/Unterhitze ca. 25 Minuten goldgelb backen. Aus dem Ofen nehmen und etwas abkühlen lassen.

Zandernocken: Alle Zutaten zusammen in einen Mixer füllen und fein pürieren. Mit Salz, Pfeffer und Muskat abschmecken. Nocken abstechen und in Butter bei geringer Hitze braten.

Bärlauch-Basilikum-Suppe: Spargel, Egerlinge, Lauch, Staudensellerie und Kohlrabi klein würfeln, in einen Topf füllen, mit Salz und Zucker marinieren und 10 Minuten ziehen lassen. Tomatenwasser, Kerne, Zwiebeln und Knoblauch dazugeben. Mit Wasser, Weißwein und Noilly Prat aufgießen und ca. 30 Minuten köcheln lassen. Die entstandene Suppe abseihen.
Die Spargelspitzen und die Sahne in diese Suppe geben und den Spargel darin bissfest garen.

Bärlauch-Basilikum-Paste: Alle Zutaten in einen Mixer füllen und fein pürieren. Sobald der Spargel bissfest gegart ist, herausnehmen, die Suppe vom Herd nehmen und die Basilikum-Bärlauch-Paste in die Suppe einrühren. Mit Salz, Pfeffer und Zucker abschmecken.

Anrichten: Spargel und Strudel auf den Teller legen oder stellen. Zandernocken dazugeben und nach Geschmack mit Cocktailtomatenstücken und Kräutern wie Petersilie und Basilikum anrichten. Suppe am Tisch angießen.

BLUMENKOHL-HASELNUSS-STRUDEL

Radieschensuppe / Bärlauchpesto / Blumenkohlsalat

Blumenkohl ist ein tolles, variables Gemüse und bekommt hier seinen großen Auftritt. In Kombination mit Radieschensuppe, Bärlauchpesto und Haselnüssen nimmt er geschmacklich an Fahrt auf. Was Sie wahrscheinlich beim Blumenkohl immer wegwerfen, sind die Blätter und die Rispen. Dabei sind sie reich an Vitaminen und Mineralstoffen. Und das Beste: Sie sind auch noch richtig aromatisch. Machen Sie doch daraus einen Salat und servieren ihn zum Strudel oder zu anderen Gerichten. Guten Appetit!

BLUMENKOHL-HASELNUSS-STRUDEL:

ca. 500 g Blumenkohl
(die Rispen bzw. Blätter inkl. der dicken Stängel aufbewahren)
Salz
Zucker
100 g Haselnüsse, mit Haut oder blanchiert
4 Eier
2 EL Quark
2 EL Sauerrahm
2 EL Schnittlauch, fein geschnitten
2 EL Semmelbrösel
(optional: 40 g Speckwürfel, gebraten)
Salz
Pfeffer
Curry
Agavendicksaft oder Zucker
1 Eigelb
50 g Butter, flüssig
Strudelteig (siehe Seite 12) oder gekaufte Strudel- bzw. Filoteigblätter aus dem Kühlregal
ca. 8 kleine Portionsstrudel oder 2 größere Strudel

Blumenkohl-Haselnuss-Strudel: Blumenkohl von den Rispen trennen. Rispen aufbewahren. Den gewaschenen Blumenkohl in Röschen teilen und in einen Topf legen, mit Wasser auffüllen und kräftig mit Salz und etwas Zucker würzen. Blumenkohl bissfest garen und dann in eine Schüssel umfüllen. Währenddessen die Haselnüsse in einer Pfanne ca. 15 Minuten langsam rösten. Falls die Haselnüsse mit Haut sind, wickeln Sie die gerösteten Nüsse in ein feuchtes Tuch ein und reiben Sie die Nüsse gegeneinander, damit sich die Haut ablöst. Die Nüsse klein hacken und mit den Blumenkohlröschen vermengen. 2 Eier 10 Minuten kochen, schälen, in Würfel schneiden und unter die Blumenkohlmasse mischen. Quark, Sauerrahm, Schnittlauch, Semmelbrösel und, wer mag, Speckwürfel unter die Masse heben. 1 Ei trennen. Das Eigelb zur Seite stellen. Das Eiweiß und das vierte Ei unter die Blumenkohlmasse rühren. Mit Salz, Pfeffer, Curry kräftig würzen. Mit Agavendicksaft oder Zucker abschmecken und die Masse auskühlen lassen.

Strudelteig auf ca. 25 x 20 cm auf einem mehlierten Tuch zuschneiden oder je 2 gekaufte Filoteigblätter übereinanderlegen und jeweils mit flüssiger Butter bestreichen. Blumenkohlmasse auf das vordere Drittel der Teigplatten legen. Ränder ca. 2–3 cm frei lassen. Die Ränder rundum mit Eigelb bestreichen, einschlagen und mithilfe des Tuches zum Strudel aufrollen. Jetzt auch die Außenseiten des Strudels rundum mit Eigelb und Butter bestreichen. Mit der Nahtseite nach unten auf ein mit Backpapier belegtes Backblech legen und mit einer Nadel mehrfach einstechen. Mit dem Rest des Teiges gleich verfahren. Die Strudel bei 180 °C Ober-/Unterhitze ca. 30 Minuten backen und etwas auskühlen lassen.

BLUMENKOHLSALAT:

3-4 Blumenkohlrispen
(dicke Blattstängel und etwas Grün)
½ Orange, Abrieb
Salz
Zucker
etwas Zitronensaft
2–3 Löffel Olivenöl, fruchtig, mild

RADIESCHENSUPPE:

ca. 600 ml Gemüsesuppe,
falls vorhanden, ansonsten

Schritt 1: Gemüsefond
100 g Petersilienwurzeln, gewürfelt
250 Knollenselleriewürfel
150 g Lauch,
das Grüne in Streifen geschnitten
15 g Salz
20 g Zucker
10 g Ingwer, gehackt
150 g Egerlinge, geviertelt
150 g Zwiebelwürfel
5 Cocktailtomaten, halbiert
150 g Spargelabschnitte,
falls vorhanden,
oder Kohlrabi in gleicher Menge

Schritt 2:
350–400 g Radieschen,
(die Blätter aufbewahren
für das Pesto)
200 ml Sahne
600 ml Gemüsefond (siehe oben),
abgekühlt
1–2 EL Ahornsirup
2–3 EL Apfelessig

BÄRLAUCHPESTO:

60 g Radieschenblätter
20 g Bärlauch
25 g Parmesan
20 g geschälte Mandeln
etwas Zitronensaft
6 EL mildes Olivenöl
Salz, Zucker

AUSSERDEM:

Radieschenscheiben

Blumenkohlsalat: Die Blumenkohlrispen längs und quer halbieren. Mit einem scharfen Messer in möglichst feine Streifen schneiden oder hobeln und in eine Schüssel füllen. Orangenabrieb dazugeben und mit Salz und Zucker würzen. 10 Minuten stehen lassen, bis sich Flüssigkeit gebildet hat. Jetzt mit ein paar Spritzern Zitronensaft und Olivenöl vermengen und nochmals würzig abschmecken. Der Geschmack der Blumenkohlrispen ist aromatischer als der Kohl selbst und perfekt für einen fruchtigen und erfrischenden Salat geeignet. Die Blätter und Rispen sind sogar reicher an Vitaminen und Mineralstoffen als die eigentlichen Blumenkohl-Röschen. Besonders hoch ist der natürliche Gehalt an Vitamin K. Daher nicht wegwerfen!

Radieschensuppe:
Schritt 1: Petersilienwurzeln, Sellerie und Lauch in einen Topf füllen und mit Salz und Zucker vermischen. Ca. 10 Minuten ziehen lassen. Jetzt Ingwer, Egerlinge, Zwiebel, Cocktailtomaten und, falls vorhanden, Spargelabschnitte zum Gemüse geben. Mit 1,2 Liter Wasser auffüllen und ca. 30–40 Minuten köcheln lassen. Die Flüssigkeit durch ein Sieb in einen anderen Topf abseihen und dabei das Gemüse ausdrücken. Die Suppe auf ca. 600 ml einkochen.

Schritt 2: Die Radieschen grob schneiden und zusammen mit der Sahne in einem Mixer fein pürieren. Gemüsefond, Ahornsirup und Apfelessig dazugeben und ggf. nochmals mit Salz, Sirup und Essig würzig abschmecken. Die Suppe nur erwärmen und nicht kochen lassen.

Bärlauchpesto: Alle Zutaten in einen Mixer füllen und pürieren.

Anrichten: Suppe in ein Glas oder einen Teller füllen. Einen kleinen Strudel teilen oder ein größeres Stück zusammen mit dem Glas auf einem Teller anrichten. Blumenkohlsalat und Bärlauchpesto dazugeben und servieren. Mit ein paar Radieschenscheiben ausgarnieren. Die Suppe soll nur warm serviert werden, weil sich die Radieschenaromen so besser entfalten können.

GRIEBENSTRUDEL

Rindssuppe / Gemüse

Klassische Suppenstrudel

GRIEBENSTRUDEL:

siehe Seite 63

RINDSSUPPE:

250 g Zwiebeln, im Ganzen mit Schale
1,5 kg Rinder-Suppenfleisch, grob geschnitten
ca. 500 g Markknochen vom Rind
Salz, Zucker
100 g Petersilienwurzeln
100 g Lauch
100 g Staudensellerie
200 g Knollensellerie
200 g Karotten
2 EL Salz, 2 EL Zucker
1 TL Koriandersamen
5 Lorbeerblätter
1 TL Pfefferkörner
1 TL Pimentkörner
6 Wacholderbeeren
10 g Liebstöckel
4 Liter Wasser
Salz, Pfeffer, Muskat

ANRICHTEN:

1 Karotte
1 Stange Staudensellerie
Schnittlauch

Rindssuppe: Das Rezept ist für ca. 3 Liter Suppe ausgelegt, damit sich der Aufwand lohnt. Man kann die restliche Suppe zum Beispiel in Eiswürfelbehältern einfrieren, das erleichtert die spätere Portionierung. Im Übrigen macht Einfrieren die Suppe nochmals besser. Sie eignet sich hervorragend für Soßenansätze oder als Grundlage für andere Suppen.

Die Zwiebeln halbieren und in einem Topf die Schnittflächen dunkel anbraten. Das Fleisch und die Knochen mit Salz und Zucker marinieren. Das Gemüse grob schneiden und alles in einen Topf füllen und ebenfalls mit Salz und Zucker marinieren und 5 Minuten stehen lassen. Alles zusammen in einen Topf füllen und mit 4 Liter kaltem Wasser auffüllen, aufkochen lassen und immer wieder den Schaum abschöpfen. Danach die Gewürze und den Liebstöckel zufügen und bei kleiner Hitze für 2 Stunden nur ganz leicht köcheln lassen. Danach abseihen. Wer Zeit hat, sollte am besten das Fleisch, das Gemüse, die Gewürze und den Liebstöckel einmal aufkochen und den Topf mit geschlossenem Deckel bei 90 °C für 12–14 Stunden, zum Beispiel über Nacht, in den Backofen stellen und den Suppenansatz dort ziehen lassen. So bleibt die Suppe klar und wird geschmacklich intensiver.
Die Suppe nach dem Kochvorgang abseihen, das Fleisch herausnehmen, klein schneiden und als zusätzliche Suppeneinlage verwenden.
Die Suppe auf ca. 3 Liter einkochen. Mit Salz, Pfeffer und Muskat würzig abschmecken.

Anrichten: Karotte und Staudensellerie in feine Stifte schneiden. Schnittlauch fein hacken. Stifte in Suppenteller legen. Mit heißer Suppe aufgießen. Die Strudel in Scheiben schneiden und in die Suppe legen. Mit Schnittlauch garnieren und servieren.

BASILIKUMSTRUDEL

Parmesansuppe / Sonnenblumenkerne / Zucchini

Basilikum und Parmesan passen einfach gut zusammen. Der Parmesan kommt hier in Form eines feinen Süppchens auf den Tisch. Das Basilikum findet sich in einem intensiven Pesto wieder – es gibt dem Strudel Geschmack und Würze. Eine tolle Kombination, die mit einer leicht scharfen Tomatensalsa und Zucchini getoppt wird. Das ergänzt das Ensemble perfekt.
Eine ganz andere Art von Strudelgericht. Probieren Sie es aus, es lohnt sich!

BASILIKUMSTRUDEL:

20 g Sonnenblumenkerne
5 g Tomaten, getrocknet
3 ½ EL Basilikumpesto (siehe Seite 91)
1 EL Frischkäse, 1 EL Crème fraîche
2 EL Pankomehl oder Semmelbrösel
5 g Salbei, fein gehackt
1 Eiweiß
1–2 TL Italian-Allrounder-Gewürz
(z. B. von Just Spices)
Salz, 1 Prise Zucker
türkischer Yufkateig, dreieckig
(im türkischen Supermarkt erhältlich)
1 Eigelb, 50 g flüssige Butter
1 EL geröstete Sonnenblumenkerne
Masse für ca. 5–6 Portionsstrudel

PARMESANSUPPE:

30 g Butter, 50 g Schalotten
50 g Lauch, das Weiße,
150 ml Weißwein, 3 Lorbeerblätter
800 ml Gemüsefond (siehe Seite 29)
140 g Parmesan mit Rinde
200 ml Sahne
Salz, Pfeffer, 1 Prise Zucker

AUSSERDEM:

200 g Zucchini, etwas Butter
50 g Tomaten, getrocknet
3 EL Olivenöl, 5 EL Sonnenblumenöl
etwas Zitronensaft, Chili
Salz, Zucker, etwas Basilikum
Sonnenblumenkerne, geröstet,
klein gehackt

Basilikumstrudel: Die Sonnenblumenkerne in einer Pfanne ohne Fett rösten, bis sie gut riechen. Danach auf einem Brett grob hacken. Die getrockneten Tomaten fein hacken, mit Basilikumpesto, Frischkäse, Crème fraîche, Sonnenblumenkernen, Pankomehl, Salbei und Eiweiß zu einem kompakten Teig vermengen. Mit den Gewürzen kräftig abschmecken.

Auf einem Yufkateigblatt etwas Füllung auf dem vorderen Drittel des Teiges verteilen. Die Ränder frei lassen und mit Eigelb bestreichen. Das Eigelb wirkt wie ein Kleber. Alles zu einem kleinen Strudel mit ca. 2 cm Durchmesser aufrollen. Die Enden etwas zusammendrücken. Die kleinen Strudel rundum mit Butter und Eigelb bestreichen. Mit der Nahtseite nach unten auf ein mit Backpapier belegtes Backblech legen. Mit dem restlichen Teig genauso verfahren und alle Strudel mit gehackten Sonnenblumenkernen bestreuen. Im vorgeheizten Backofen bei 180 °C Ober-/Unterhitze ca. 10 Minuten backen. Die Strudel sollten eine leicht goldgelbe Farbe haben.

Parmesansuppe: Die Butter in einem Topf aufschäumen, die Schalotten und den klein geschnittenen Lauch darin goldgelb andünsten, mit Weißwein aufgießen und die Lorbeerblätter dazugeben. Den Weißwein etwas reduzieren lassen. Gemüsefond, Parmesan und Sahne einfüllen und ca. 10 Minuten köcheln lassen. Gut umrühren, damit sich der Käse nicht am Topfboden anlegt. Alles zusammen in einen Mixer füllen und fein pürieren. Mit Salz, Pfeffer und einer Prise Zucker abschmecken.

Außerdem: Zucchini in kleine Würfel schneiden. Etwas Butter in einer Pfanne aufschäumen und die Zucchiniwürfel darin ein paar Minuten anbraten. Mit Salz würzen. Die Zucchini sollten noch Biss haben.

Tomatensalsa: Die getrockneten Tomaten klein schneiden. Zusammen mit dem Olivenöl, Sonnenblumenöl, Zitronensaft, Salz und Zucker fein pürieren und mit Chili leicht scharf abschmecken.

Anrichten: Die Suppe in einen Teller gießen. Zucchiniwürfel und etwas Tomatensalsa in die Suppe geben und mit Sonnenblumenkernen bestreuen. Den Basilikumstrudel dazulegen und mit Basilikum garnieren.

RICOTTA-PINIENKERN-STRUDEL

Gelbe und rote Paprikasuppe / Sauerrahm

Neue Suppen-strudel

Geröstete Pinienkerne bilden das Herzstück dieser kleinen Strudelbeilage. Geschmacklich ergänzt wird die Strudelfüllung mit Basilikum und Parmesan. Ganz wunderbar dazu passen die beiden Parprikasüppchen. Wenn Ihnen der Aufwand für zwei Suppen zu groß ist, machen Sie einfach nur eine davon. Beide schmecken hervorragend zum Strudel. Grundlage für beide Suppen ist ein guter Gemüsefond. Der zahlt sich aus, denn er hebt beide Paprikasuppen auf eine andere Ebene. Den Gemüsefond kann man auch gut einfrieren und bei Bedarf als Basis für andere Suppen oder Soßen verwenden. Kombiniert mit etwas Sauerrahm, wird daraus ein richtiges Suppenhighlight.

RICOTTA-PINIENKERN-STRUDEL:

60 g Pinienkerne
150 g Ricotta
30 g Basilikum
20 g Parmesan
1 Eiweiß
1 ½ EL Semmelbrösel oder Pankomehl
Salz, Pfeffer, etwas Zucker
1 Eigelb
50 g flüssige Butter
türkischer Filoteig, dreieckig (im türkischen Supermarkt erhältlich)
1 EL geröstete Sonnenblumenkerne, klein gehackt
ergibt ca. 5–6 Portionsstrudel

GEMÜSEFOND:

150 g Zwiebeln, klein geschnitten
70 g Tomaten, halbiert
80 g Karotten, gewürfelt
200 g Lauch, klein geschnitten
100 g Sellerie, klein geschnitten
150 g Petersilienwurzeln, klein geschnitten
10 g Knoblauch, 1 TL Koriander
1 TL Dill- oder Fenchelsamen
2 TL Salz, 1 EL Zucker
20 g Liebstöckel

Ricotta-Pinienkern-Strudel: Die Pinienkerne in einer Pfanne ohne Fett rösten, bis sie gut riechen. Danach auf einem Brett klein hacken. Ricotta mit Pinienkernen, klein geschnittenem Basilikum, geriebenem Parmesan, dem Eiweiß und den Semmelbröseln mischen und mit Salz, Pfeffer und etwas Zucker abschmecken.

Ein Filoteigblatt mit Butter bestreichen. Die Ränder frei lassen und mit Eigelb bestreichen. Etwas von der Füllung auf das vordere Drittel des Teigblattes legen, die Ränder einschlagen und zu einer kleinen Rolle mit ca. 2 cm Durchmesser formen. Die Strudel rundum zuerst mit Eigelb und dann mit Butter bepinseln. Mit der Nahtseite nach unten auf ein mit Backpapier belegtes Backblech legen. Mit dem restlichen Teig genauso verfahren und alle Strudel mit gehackten Sonnenblumenkernen bestreuen. Alle Strudel mit einer Nadel einstechen, damit beim Backen Feuchtigkeit entweichen kann. Im vorgeheizten Backofen bei 180 °C Ober-/Unterhitze ca. 10 Minuten backen. Die Strudel sollten eine goldgelbe Farbe haben.

Gemüsefond: Alles zusammen mit Ausnahme des Liebstöckels in einen Topf füllen und mit dem Salz und Zucker vermengen. Ca. 10 Minuten stehen lassen und dann mit 2 Liter Wasser auffüllen und ca. 1 Stunde mit geschlossenem Deckel leicht köcheln lassen. 10 Minuten vor Ablauf der Zeit den Liebstöckel in die Suppe geben. Die Suppe durch ein Sieb abgießen und dabei das Gemüse etwas ausdrücken.

PAPRIKASUPPEN:

700 g gelbe Paprika
700 g rote Paprika

PAPRIKASUPPE ROT:

5 EL Olivenöl
20 g Schalotten, geschnitten
1 Knoblauchzehe, geschnitten
3 g Ingwer, geschnitten
200 g Paprikastücke rot, geröstet
1 Schuss Rotwein
500 ml Gemüsesuppe
100 ml Sahne
1 EL Crème fraîche
150 g Paprika, rot, roh
Salz
Pfeffer
Paprika, scharf
1 Prise Zucker

PAPRIKASUPPE GELB:

20 g Butter
20 g Schalotten
3 g Ingwer, gehackt
1 Knoblauchzehe, gehackt
200 g gelbe Paprikastücke, geröstet
150 ml Weißwein
500 ml Gemüsesuppe
100 ml Sahne
150 g Paprika, gelb, roh
Salz
Pfeffer

AUSSERDEM:

Sauerrahm
Basilikumblätter
Paprika, rot, Streifen

Paprikasuppen: Die Paprikas halbieren, den Strunk und die weißen Teile herausschneiden, auf ein mit Backpapier belegtes Backblech legen und bei 200 °C Ober-/Unterhitze so lange im Ofen lassen, bis sich die Haut dunkelbraun bis schwarz verfärbt und Blasen wirft. Die Haut von den Paprikastücken abziehen. Rote und gelbe Paprikastücke in getrennte Schüsseln legen. Es sollten mindestens jeweils 200 g von den roten und gelben Paprikastücken vorhanden sein.

Paprikasuppe rot: Olivenöl in einem Topf erhitzen. Schalotten, Knoblauch und Ingwer darin anschwitzen. Geröstete Paprikastücke dazugeben und 5 Minuten mitschmoren. Mit Rotwein aufgießen, aufkochen lassen und die Gemüsesuppe dazugießen. Ca. 10 Minuten köcheln lassen. Sahne und Crème fraîche unterrühren und weitere 10 Minuten köcheln lassen. In einen Mixer füllen, zusammen mit den 150 g rohe rote Paprika fein pürieren. Mit Salz, Pfeffer, Zucker und Paprika abschmecken. Falls die Suppe zu dick sein sollte, etwas Wasser oder Gemüsefond dazugeben.

Paprikasuppe gelb: Die Butter in einem Topf aufschäumen. Schalotten, Ingwer und Knoblauch darin farblos anschwitzen. Gerösteten Paprika dazugeben, kurz mitschmoren, mit Weißwein aufgießen und etwas einkochen lassen. Suppe und Sahne einfüllen und 10 Minuten mit geschlossenem Deckel köcheln lassen. Zusammen mit den 150 g rohe gelbe Paprika in einen Mixer umfüllen und fein pürieren. Mit Salz und Pfeffer abschmecken. Etwas Wasser oder Gemüsefond dazugeben, falls die Suppe zu dick ist.

Anrichten: Zuerst die gelbe Paprikasuppe in einen Suppenteller füllen. Dann vorsichtig die rote Paprikasuppe in die gelbe Suppe einlaufen lassen. Mit Sauerrahmklecksen, Basilikum und Paprikastreifen garnieren. Alternativ die beiden Suppen in 2 Gläser füllen und den aufgeschnittenen Strudel dazureichen.

KRÄUTER-GRIESS-STRUDEL

Klassische Suppen-strudel

Rinds- oder Gemüsesuppe / Karotten / Staudensellerie

KRÄUTER-GRIESS-STRUDEL:

20 g Dill
30 g Blattpetersilie
20 g Rucola
5 g Schnittlauch
3 EL Olivenöl, mild, fruchtig
4 g Ingwer
1 Knoblauchzehe, groß
2 Eier, 1 EL Schmand, gehäuft
50 g Parmesan
50 g Butter, flüssig
150 g Hartweizengrieß
Salz, Pfeffer, Zucker
1 Eigelb
Butter für die Auflaufform
Menge für ca. 2–4 Pfannkuchen

PFANNKUCHEN:

siehe Seite 37

RINDS- O. GEMÜSESUPPE:

siehe Seite 25 / Seite 35

ANRICHTEN:

fein geschnittenes Gemüse
etwas Schnittlauch
oder Petersilie

Kräuter-Grieß-Strudel: Dill, Petersilie, Rucola, Schnittlauch, Olivenöl, Ingwer, Knoblauch, Eier, Schmand, Parmesan und Butter in einen Mixer füllen und fein pürieren. In eine Schüssel umfüllen. Den Hartweizengrieß unterheben und mit Salz, Pfeffer und Zucker würzig abschmecken. Die Füllung ½ Stunde im Kühlschrank ziehen lassen.

Die Masse auf 2–4 Pfannkuchen (je nach Größe und Menge der Füllung) verteilen und glatt streichen – dabei die Ränder ca. 3 cm frei lassen. Die Seitenteile nach innen klappen und die Pfannkuchen aufrollen. Das Endstück vorher mit Eigelb bestreichen. Das Eigelb wirkt wie ein Kleber. Mit den restlichen Pfannkuchen ebenso verfahren.

Eine passende Auflaufform gut mit Butter ausfetten. Die Pfannkuchenrollen hineinlegen und mit dem restlichen Eigelb bestreichen.

Bei 200 °C Ober-/Unterhitze ca. 20 –30 Minuten backen. Eventuell mit einem Stück Alufolie abdecken, damit die Strudelrollen ihre schöne Farbe behalten. Sobald sich die Pfannkuchen fest und streng anfühlen, sind sie fertig.

Aus der Form nehmen und in schräge Stücke schneiden.

Anrichten: Die Strudelstücke in einen Suppenteller legen, fein geschnittene Gemüsestreifen im Teller verteilen, mit Rinds- oder Gemüsesuppe aufgießen und mit Schnittlauch oder Petersilie bestreut servieren.

RÜHREI-SCHWARZBROT-STRUDEL

Kräutersuppe / Parmaschinken

Neue Suppen-strudel

Dieser Strudel würde auch zu einem schönen Frühstück passen und ist eine perfekte Ergänzung zu diesem Süppchen. Ein bunter Kräutermix sorgt für den wunderbaren, kräutrigen Geschmack der Suppe, deren Basis eine Gemüsesuppe ist. Man kann den Parmaschinken im Strudel auch weglassen, wenn Sie es lieber vegetarisch mögen. Den braucht es nicht unbedingt für dieses wunderbare Sommergericht. Guten Appetit!

RÜHREI-SCHWARZBROT-STRUDEL:

100 g Sauerteigbrot dunkel, in kleine Würfel geschnitten
1 TL Korianderkörner, 25 g Butter, 4 Eier
50 ml Sahne, Salz, Pfeffer, Paprika
1 Eiweiß, 40 g Ziegenfrischkäse
30 g Paprika oder Tomaten, fein gewürfelt
2 EL Semmelbrösel
1 ½ EL Schnittlauch, fein gehackt
100 g Parmaschinken, fein geschnittenen, 1 Eigelb
50 g flüssige Butter, Sesamkörner
Strudelteig (s. S. 12 oder gekauft)
Masse für ca. 6–8 Stücke

KRÄUTERSUPPE:

25 g Butter, 50 g Zwiebeln
2 Knoblauchzehen, fein geschnitten
5 g Ingwer, fein geschnitten
150 ml Staudensellerie, geschnitten
100 g Champignons, 150 ml Weißwein
400 ml Gemüsefond (siehe Seite 29)
250 ml Sahne
Ca. 50 g Kräuter: Oregano, Sauerampfer, Salbei, Estragon, Liebstöckel, Kerbel oder andere Kräuter
Salz, Pfeffer, etwas Zucker, Muskat
Zitronensaft

AUSSERDEM:

Parmaschinken, dünne Scheiben
Sauerrahm, Schnittlauch
Salz, Pfeffer

Rührei-Schwarzbrot-Strudel: Brotwürfel zusammen mit dem grob gemörserten Koriander in einer Pfanne ohne Fett rösten. Butter in einer Pfanne aufschäumen. Eier zusammen mit Sahne in einer Schüssel verrühren und mit Salz, Pfeffer und Paprika würzen. In die Pfanne füllen und Rührei nur leicht stocken lassen. In eine Schüssel umfüllen, Eiweiß, Ziegenfrischkäse, Paprikawürfel, Semmelbrösel und Schnittlauch untermischen. Mit geröstetem Brot und Koriander vermengen.

Den Strudelteig auf einem mehlierten Tuch mit Butter bestreichen und mit Parmaschinken belegen. Auf dem vorderen Drittel die Strudelmasse platzieren, dabei die Ränder ca. 3 cm frei lassen. Den Strudelteig an den Rändern mit etwas Eigelb bestreichen und einschlagen. Den Strudel aufrollen, rundum mit Butter und Eigelb bestreichen und mit Sesam bestreuen. Auf ein mit Backpapier belegtes Backblech legen. Den Strudel mit einer Nadel mehrfach einstechen, damit Feuchtigkeit beim Backen entweichen kann. Im vorgeheizten Backofen bei 180 °C Ober-/Unterhitze ca. 10–15 Minuten backen. Der Strudel sollte eine goldgelbe Farbe haben.

Kräutersuppe: Die Butter in einer Pfanne aufschäumen. Zwiebeln, Knoblauch und Ingwer in der Butter farblos anschwitzen. Staudensellerie und Champignons dazugeben und kurz mitschmoren lassen. Mit Weißwein aufgießen und etwas einkochen lassen. Mit Gemüsefond und Sahne auffüllen. Ca. 15 Minuten mit geschlossenem Deckel köcheln und dann etwas abkühlen lassen. Alles in einem Mixer zusammen mit den Kräutern so lange fein pürieren, bis eine schöne grüne Farbe entstanden ist. Mit Salz, Pfeffer, Muskat, Zucker und Zitronensaft würzig abschmecken.

Außerdem: Parmaschinkenscheiben in eine kalte Pfanne legen und bei mittlerer Hitze auf beiden Seiten kross anbraten. Auf einem Küchenpapier abtropfen lassen. Dabei werden die Scheiben fest. Den Sauerrahm mit Salz und Pfeffer verrühren.

Anrichten: Suppe in einen Teller gießen. Strudelscheiben dazulegen. Dazwischen jeweils eine Scheibe krossen Speck stecken. Etwas Sauerrahm rund um die Strudelscheiben verteilen und mit Schnittlauch garnieren.

GARNELENSTRUDEL

Kokos-Curry-Suppe / dunkler Garnelenfond / Garnelen

Neue Suppen-strudel

Die feinen Aromen des Currys und der Kokosmilch ergänzen sich ganz wunderbar und passen natürlich perfekt zu den Garnelenaromen. Die Basis für diese Suppe ist ein Gemüsefond, den man auf jeden Fall selbst machen sollte. Der Strudel überzeugt mit einer feinen Garnelenfarce, die mit Ingwer, Knoblauch, thailändischer Currypaste, Koriander und Lauch ihre aromatische Abrundung findet. Aus den Garnelen-schalen wird ein dunkler Garnelenfond hergestellt, der die Kokos-Curry-Suppe richtig toppt. Das ist Strudellust pur!

GARNELENSTRUDEL:

400 g Garnelen mit Schale, sehr kalt (Die Schalen aufbewahren)
100 ml Sahne, sehr kalt
1 TL Currypaste, rot
2 g Ingwer, klein gehackt
2 g Knoblauch, klein gehackt
5 g Korianderblätter, klein geschnitten
10 g Lauch, das Grüne, klein geschnitten
¼ Paprika, rot, fein gehackt
1 Eiweiß
Salz
Pfeffer
Piment d'Espelette
1 Eigelb
50 g flüssige Butter
Strudelteig (S. 12) oder gekaufte Studelteig- bzw. Filoteigblätter
Etwas weißer Sesam
Masse für 3 kleinere Strudel (ca. 6–8 Stücke)

GEMÜSEFOND:

200 g Lauch, 100 g Zwiebeln
100 g Petersilienwurzeln
100 g Staudensellerie
50 g Tomaten, 100 g Karotten
100 g Champignons, 70 g Speck
2 Knoblauchzehen, 15 g Ingwer
15 g Kurkumawurzel, frisch
2 TL Salz, 4 TL Zucker
1,5 l Wasser

Garnelenstrudel: Die Garnelnen von den Schalen befreien und den Darm entfernen. Die Schalen aufbewahren. 250 g geschälte Garnelen, Sahne, rote Currypaste, Ingwer und Knoblauch in einen Mixer füllen und fein pürieren. Koriander, Lauch, Paprikawürfel und Eiweiß mit der Masse verrühren, bis sie gut gebunden ist. Mit Salz, Pfeffer und Piment d'Espelette würzig abschmecken. Die restlichen 150 g Garnelen in größere Stücke schneiden.

Den Strudelteig auf einem mehlierten Tuch ausziehen oder 2–3 gekaufte Teigblätter übereinanderlegen und jeweils mit Butter bestreichen. Die Garnelenfarce auf dem vorderen Drittel gleichmäßig verteilen. Die Ränder ca. 2–3 cm frei lassen. Über die Garnelenfarce die Garnelenstücke verteilen und leicht salzen. Die Strudelteigränder einschlagen und den Strudel fast ganz aufrollen. Das Endstück mit Eigelb bestreichen und fertig aufrollen. Das Eigelb wirkt wie ein Kleber und hält die Strudel zusammen. Rundum mit Eigelb und Butter bestreichen und mit der Nahtseite nach unten auf ein mit Backpapier belegtes Backblech legen. Mit Sesam bestreuen. Die Strudel mit einer Nadel mehrfach einstechen, damit beim Backen Feuchtigkeit entweichen kann. Im vorgeheizten Backofen bei 180 °C Ober-/Unterhitze ca. 20–30 Minuten backen, bis sie goldgelb sind und die Garnelenfarce durchgegart ist.

Gemüsefond: Alle Zutaten klein schneiden und in einen Topf füllen. Mit Salz und Zucker marinieren und gut vermengen. Ca. 10 Minuten ziehen lassen. Mit dem Wasser auffüllen und 1 Stunde mit geschlossenem Deckel leicht köcheln lassen. Die Suppe durch ein Sieb in einen anderen Topf abseihen. Es werden 700 ml Fond benötigt. Den restlichen Fond einfrieren und zum Beispiel zum Aufgießen von Soßen oder als Grundlage für andere Suppen verwenden. Damit werden Suppen oder Soßen deutlich geschmackvoller. Den Gemüsefond kann man auch am Vortag zubereiten.

KOKOS-CURRY-SUPPE:

20 g Butter
10 g Knoblauch, klein gehackt
50 g Zwiebeln, klein geschnitten
10 g Ingwer, klein gehackt
100 g Lauch, das Weiße, klein geschnitten
100 g Egerlinge und Shiitakepilze, klein geschnitten
5 g Kurkumawurzel, klein geschnitten
2 EL Fischsoße
2 EL helle Sojasoße
50 ml Portwein, weiß
50 ml Noilly Prat
2 EL Madrascurry
500 ml Kokosmilch
100 ml Sahne
400 ml Gemüsefond (siehe Seite 35)
Etwas Zitronensaft
Salz, Zucker, Piment d'Espelette

DUNKLER GARNELENFOND:

20 g Butter
30 g Zwiebeln, klein geschnitten
Etwas Currypaste, rot
1 Knoblauchzehe, klein gehackt
Etwas Ingwer, klein geschnitten
30 g Petersilienwurzeln, klein geschnitten
Garnelenschalen
30 g Tomaten
5 EL Cognac
300 ml Gemüsefond (siehe Seite 35)
30 ml Noilly Prat
Etwas Paprikapulver
Salz, Zucker, Piment d'Espelette

AUSSERDEM:

Wer mag:
1–2 Garnelen, je Teller
Sonnenblumenöl
Koriander, klein gehackt
Salz, Pfeffer

Kokos-Curry-Suppe: Die Butter in einem Topf aufschäumen. Knoblauch, Zwiebeln, Ingwer, Lauch, Pilze und Kurkumawurzel in der Butter farblos anschwitzen. Fisch- und Sojasoße dazugeben und etwas köcheln lassen. Mit Portwein und Noilly Prat aufgießen. Curry einstreuen, Kokosmilch, Sahne, Lorbeerblätter und Gemüsefond dazugeben und 30 Minuten köcheln lassen. Durch ein Sieb in einen anderen Topf abgießen. Mit Zitronensaft, Salz, Zucker und Piment d'Espelette würzig abschmecken.

Dunkler Garnelenfond: Die Butter in einem Topf aufschäumen. Zwiebeln, rote Currypaste, Knoblauchzehe, Ingwer und Petersilienwurzeln hineingeben und farblos anschwitzen. Garnelenschalen hinzufügen und mitrösten, bis sie rot geworden sind. Jetzt die Tomaten und den Cognac einfüllen und einköcheln lassen. Mit Gemüsefond und Noilly Prat aufgießen. Ca. ½ Stunde einköcheln lassen und dann durch ein Sieb in einen anderen Topf abgießen. Mit Salz, Zucker und Piment d'Espelette abschmecken.

Außerdem: Garnelen mit Salz und Pfeffer würzen und in Sonnenblumenöl glasig braten.

Anrichten: Die Curry-Kokos-Suppe mit einem Stabmixer aufschäumen und in einen Suppenteller füllen. Ein Stück Strudel hineinlegen und rundum etwas dunklen Garnelenfond angießen. Wer mag, kann den Teller mit einer gebratenen Garnele und etwas gehacktem Koriander ausdekorieren.

KALBSBRÄTSTRUDEL

Klassische Suppen-strudel

Rindssuppe / Staudensellerie / Karotten / Schnittlauch

KALBSBRÄTSTRUDEL:

300 g Kalbsbrät vom Metzger oder selbst gemacht:

250 g Kalbfleisch, zweimal gewolft (vom Metzger)
100 g Sahne, 1 Ei
1 TL gekörnte Brühe
15 g Petersilie, Schnittlauch, Thymian
etwas Zitronenabrieb
Salz, Pfeffer, Muskat
Die Masse ergibt ca. 12 Stücke, entspricht 2 kleineren Strudeln

PFANNKUCHEN:

250 g Milch, 1 Ei, 1 Prise Salz
150 g Mehl, etwas Mineralwasser
Masse für ca. 2–3 Pfannkuchen
etwas Öl

STRUDELHERSTELLUNG:

1 Eigelb, etwas Butter

RINDSSUPPE:

siehe Seite 25

ANRICHTEN:

1 Karotte
1 Stange Staudensellerie
Schnittlauch

Kalbsbrätstrudel: Das sehr kalte Kalbfleisch mit der Sahne, dem Ei und der gekörnten Brühe in einem Mixer fein pürieren. Petersilie, Schnittlauch und Thymian fein hacken und mit dem Zitronenabrieb unter das Brät mischen. Mit Salz, Pfeffer und Muskat abschmecken. Die Masse kalt stellen.

Pfannkuchen: Alle Zutaten mit einem Handmixer verrühren und ca. 15 Minuten quellen lassen. Etwas Öl in eine beschichtete Pfanne gießen und mit Hilfe eines Küchenkrepps in der ganzen Pfanne verwischen. Die Pfanne erhitzen. Mit einer Schöpfkelle Teig in die Pfanne füllen. Die Pfanne dabei leicht schwenken und den Teig gleichmäßig verlaufen lassen – der gesamte Pfannenboden soll mit Teig bedeckt sein. Zurück auf den Herd stellen und 1–2 Minuten backen. Den Teig wenden und weiterbacken. Der fertige Pfannkuchen soll leicht gebräunt sein. Mit dem restlichen Teig genauso verfahren. Alle Pfannkuchen abkühlen lassen.

Strudelherstellung: Den Backofen auf 180 °C Ober-/Unterhitze vorheizen. Die Pfannkuchen mit 2–3 Esslöffel Kalbsbrät bestreichen. Die Ränder ca. 2–3 cm frei lassen. Die Seiten links und rechts einschlagen und den Pfannkuchen aufrollen. Mit der restlichen Masse genauso verfahren. Die Strudel mit der Nahtseite nach unten in eine gebutterte Auflaufform legen. Mit Alufolie abdecken. Auf einen Grillrost stellen, im Backofen ca. 30 Minuten backen, bis das Kalbsbrät durchgegart ist.

Anrichten: Karotte und Staudensellerie in feine Stifte schneiden und in den Suppenteller legen. Mit heißer Suppe aufgießen. Den Strudel in Scheiben schneiden und in die Suppe geben. Mit Schnittlauch bestreut servieren.

WALNUSS-APRIKOSEN-STRUDEL

Rotkohlsuppe / Süßkartoffelchips / Sauerrahm

Neue Suppen-strudel

Wer Rotkohl oder Blaukraut mag, für den ist dieses Rezept genau richtig. Der Walnuss-Aprikosen-Strudel basiert auf einem würzigen Walnuss-Salbei-Oregano-Pesto. Dazu kommen klein gehackte geröstete Walnüsse. Für frischen und gemacklichen Kontrast sorgen Aprikosen. Dieser Strudel harmoniert ganz wunderbar mit der Rotkohlsuppe, die nur mit etwas Püree von Rotkohl, Äpfeln und Birnen gebunden wird. Für den Crisp sorgen Süßkartoffelchips, die das Gericht wunderbar ergänzen. Das ist Suppenstrudel-Lust pur!

WALNUSS-APRIKOSEN-STRUDEL:

200 g Walnüsse
40 g Parmesan
3 EL Olivenöl
9 EL Sonnenblumenöl
etwas Zitronensaft
Salz
Zucker
30 g Salbei und Oregano
1 Knoblauchzehe
150 g Süßkartoffelwürfel
4 Aprikosen
1 Eiweiß
2 EL Semmelbrösel
Strudelteig (siehe Seite 12)
oder Strudel- bzw. Filoteig
aus dem Kühlregal
50 g Butter, flüssig
1 Eigelb
etwas Semmelbrösel
Masse für 2 Strudel (ca. 8 Stücke)

SÜSSKARTOFFELCHIPS:

1 Süßkartoffel, klein
etwas Sonnenblumenöl
Salz

Walnuss-Aprikosen-Strudel: 100 g Walnüsse ohne Fett bei mittlerer Hitze rösten. In einen Mixer füllen, Parmesan, beide Öle, Zitronensaft, Salz, Zucker, Kräuter und Knoblauchzehe dazugeben, alles fein pürieren und in eine Schüssel umfüllen. Die Süßkartoffelwürfel in etwas Öl anbraten. Die Aprikosen in kleine Stücke schneiden. Süßkartoffelwürfel, Aprikosen, Eiweiß und Semmelbrösel zusammen mit der Walnussmasse verrühren. Mit Salz und Pfeffer würzig abschmecken.

Den Strudelteig auf einem mehlierten Tuch ausziehen. Falls Sie gekauften Teig verwenden, 3–4 Blätter übereinanderlegen und jeweils mit Butter bestreichen. Auf dem vorderen Drittel die Masse verteilen. Zu den Rändern jeweils 2–3 cm frei lassen. Die Seiten einschlagen und fast ganz aufrollen. Das Strudelteigende mit Eigelb bestreichen. Es wirkt wie ein Kleber. Die Strudelrolle rundum mit Eigelb und Butter bestreichen. Mit der Nahtseite nach unten auf ein mit Backpapier belegtes Backblech legen.
Mit dem restlichen Teig ebenfalls so verfahren. Den Strudel mit Semmelbröseln bestreuen und mit einer Nadel kleine Löcher in die Strudel stechen, damit Feuchtigkeit beim Backen entweichen kann. Die Strudel im vorgeheizten Backofen bei 180 °C Ober-/Unterhitze ca. 20–30 Minuten backen, bis sie goldgelb sind.

Süßkartoffelchips: Süßkartoffel in ca. 1–2 mm dicke Scheiben schneiden oder hobeln. Öl in einem Topf erhitzen. Mit einem Holzlöffel die Temperaturprobe machen. Tauchen Sie den Löffelstiel in das Öl, sobald kleine Blasen aufsteigen, hat das Öl die richtige Temperatur erreicht. Süßkartoffelscheiben darin frittieren. Auf einem Küchenkrepp abtropfen lassen und mit Salz würzen.

GEMÜSEFOND:

150 g Sellerie
150 g Karotten
250 g Petersilienwurzeln
300 g Lauch
100 g Tomaten
5 g Ingwer
5 g Kurkumawurzeln, frisch
450 g Zwiebeln
200 g Staudensellerie
250 g Champignons
15 g Knoblauch
15 g Zucker
15 g Salz
3 Lorbeerblätter, frisch o. getrocknet
2,5 l Wasser
30 g Liebstöckel

ROTKOHLSUPPE:

Schritt 1:
500 g Rotkohl, klein geschnitten
300 g Apfelwürfel, süßsauer
10 g Salz
20 g Zucker
20 g Butter
150 g weiße Zwiebeln, klein geschnitten
1 Schuss Apfelessig
1,2 l Gemüsefond (siehe oben)
etwas Pfeffer

Schritt 2:
500 g Rotkohl, klein geschnitten
300 g Birnenwürfel, süßsauer
10 g Salz
20 g Zucker
20 g Butter
150 g weiße Zwiebeln, klein geschnitten
Suppe von Schritt 1
100 ml Sahne
etwas Zimt

AUSSERDEM:

etwas Sauerrahm
gekochter Rotkohl, fein gehackt

Gemüsefond: Gemüse klein schneiden, in einen Topf füllen und mit Salz und Zucker marinieren. Ca. 10 Minuten stehen lassen. Mit Wasser auffüllen und aufkochen. Lorbeerblätter dazugeben, einen Deckel auf den Topf setzen, Temperatur reduzieren und ca. 1 Stunde leicht köcheln lassen. Etwa eine ¼ Stunde vor Ende der Kochzeit den Liebstöckel in die Suppe legen. Suppe durch ein Sieb in einen anderen Topf abseihen.

Rotkohlsuppe:

Schritt 1: Rotkohl und Äpfel in einem Topf mit Salz und Zucker marinieren. Ca. 15 Minuten stehen lassen und etwas durchkneten. Butter in einem Topf aufschäumen und Zwiebel darin farblos anschwitzen. Rotkohl und Äpfel dazugeben und alles ca. 10 Minuten schmoren. Dabei immer wieder umrühren. Einen guten Schuss Apfelessig zum Kohl geben. Mit der Gemüsesuppe aufgießen, pfeffern und den Rotkohl bei geschlossenem Deckel und bei mittlerer Temperatur weich kochen. Alles durch ein Sieb in einen anderen Topf gießen und gut ausdrücken.

Schritt 2: Um den Geschmack der Suppe zu intensivieren, setzt man sie mit frischen Zutaten noch ein zweites Mal an. Es lohnt sich.

Dazu Rotkohl und Birnenwürfel wieder mit Salz und Zucker marinieren und 10 Minuten stehen lassen. Butter in einem Topf aufschäumen, Zwiebeln darin anschwitzen und den Rotkohl in den Topf füllen. Mit der Suppe aus Schritt 1 auffüllen und ca. 1 Stunde köcheln lassen. Die Suppe wiederum in einen anderen Topf abseihen und den Rotkohl zur Seite stellen. In die Suppe die Sahne einrühren und mit Zimt abschmecken. Je nach gewünschter Sämigkeit 100–150 g des Rotkohls zusammen mit der Suppe fein pürieren. Final abschmecken.

Anrichten: Strudelstücke in einen Suppenteller stellen oder legen. Etwas fein gehackten Rotkohl auf den Teller setzen und darauf die Süßkartoffelchips stecken. Suppe angießen und mit etwas Sauerrahm garnieren.

PAPRIKASTRUDEL

Rinds- oder Gemüsesuppe / Karotten / Staudensellerie

PAPRIKASTRUDEL:

4 Paprika, rot
50 g Schafskäse
1 EL Olivenöl, mild, fruchtig
2 Eier, 50 g Butter, flüssig
1 EL Schmand, gehäuft
150 g Hartweizengrieß
Salz, Pfeffer, Zucker
1 Eigelb, Butter für die Auflaufform
Masse für 2–4 Strudel, ca. 8 Stücke

PFANNKUCHEN:

250 g Milch, 1 Ei, 1 Prise Salz
150 g Mehl, etwas Mineralwasser
Masse für ca. 2–3 Pfannkuchen
etwas Öl

STRUDELHERSTELLUNG:

1 Eigelb, etwas Butter

RINDS-/GEMÜSESUPPE:

siehe Seite 25 / 35

ANRICHTEN:

1 Karotte,
1 Stange Staudensellerie
Schnittlauch

Paprikastrudel: Die 4 roten Paprikas halbieren und das Kerngehäuse entfernen. Mit der Hautseite nach oben auf ein mit Backpapier belegtes Backblech legen. Im Backofen bei 200 °C Umluft so lange im Ofen lassen, bis sich die Haut dunkel bis schwarz verfärbt und Blasen wirft. Die Haut jeweils abziehen und abkühlen lassen. Es sollten ca. 150 Gramm Paprikafleisch ohne Haut übrig bleiben. Den geschmorten Paprika zusammen mit dem Schafskäse, Olivenöl, Eiern, Butter und Schmand in einen Mixer füllen und fein pürieren. Mit dem Hartweizengrieß vermengen und mit Salz, Pfeffer und Zucker würzig abschmecken. Die Masse ½ Stunde im Kühlschrank quellen lassen.

Die Füllung auf 2–4 (je nach Größe und Menge der Füllung) Pfannkuchen verteilen und glatt streichen – dabei die Ränder ca. 3 cm frei lassen. Die Seitenteile nach innen klappen und die Pfannkuchen aufrollen. Eine passende Auflaufform mit Butter ausstreichen. Die Pfannkuchenrollen mit der Nahtseite nach unten hineinlegen und mit Eigelb bestreichen.
Bei 200 °C Ober-/Unterhitze ca. 20–30 Minuten backen. Eventuell mit einem Stück Alufolie abdecken, damit die Strudelrollen ihre schöne Farbe behalten und nicht verbrennen. Aus der Form nehmen und in schräge Scheiben schneiden.

Pfannkuchen: Wie auf Seite 37 beschrieben zubereiten.

Anrichten: Karotte und Staudensellerie in feine Stifte schneiden. Schnittlauch fein hacken. Die Gemüsestifte in Suppenteller legen. Mit heißer Rinds- oder Gemüsesuppe aufgießen. Die Strudelscheiben in die Suppe legen. Mit Schnittlauch garnieren und servieren.

HERZHAFTE GENIESSER-STRUDEL

ZWIEBELSTRUDEL

Sauerrahmdip

Schnelle Genießer-strudel

Von diesem Strudel kann man nicht genug bekommen. Er hat eindeutig „Suchtfaktor". Mit etwas Sauerrahmdip und einem schönen Glas Wein ist man dem Strudelglück schon ziemlich nahe. Stand bisher ein guter Zwiebelkuchen bei uns immer hoch im Kurs, wenn mal unerwartet Gäste kamen, so hat dieser ausgedient, denn dieser Strudel schlägt die Zwiebelkuchenvariante um Längen und ist schnell gemacht. Einfach mal probieren! Er wird sicherlich auf die Hitliste Ihrer Gerichte kommen. Guten Appetit!

ZWIEBELSTRUDEL:

200 g Speck
Öl
400 g Zwiebelringe
350 g Crème fraîche
1 Ei
Salz, Pfeffer, Muskat, Kümmel
Strudelteig (siehe Seite 12)
oder Strudel- bzw. Filoteigblätter aus dem Kühlregal
1 Eigelb
50 g Butter, flüssig
Masse für ca. 7–8 Stücke

AUSSERDEM:

Schnittlauch
Sauerrahm
Radieschen

Zwiebelstrudel: Für die Füllung zuerst den Speck in Würfel oder feine Streifen schneiden und in einer Pfanne ohne Öl kross anbraten. Den Speck aus der Pfanne nehmen und abkühlen lassen. Jetzt die Zwiebel in feine Scheiben schneiden oder hobeln und in der Pfanne mit ein wenig Öl glasig dünsten. Die Masse auskühlen lassen.

Die Crème fraîche mit dem Ei, dem Speck und den Zwiebeln vermengen und mit Salz, Pfeffer, Muskat und Kümmel abschmecken. Mit dem Salz vorsichtig sein, da der Speck schon salzig ist.

Den Strudelteig auf einem mehlierten Tuch ausziehen. Falls Sie gekauften Teig verwenden, 3–4 Blätter übereinanderlegen und jeweils mit Butter bestreichen. Die Zwiebelmasse auf den Teigblättern gleichmäßig verteilen. An den Rändern 2–3 cm frei lassen und einschlagen. Den Strudel fast ganz aufrollen, das Endstück vorher mit Eigelb bestreichen. Es wirkt wie ein Kleber. Den aufgerollten Strudel rundum mit Eigelb und Butter bestreichen. Mit der Nahtseite nach unten auf ein mit Backpapier belegtes Backblech legen und mit einer Nadel mehrmals einstechen, damit beim Backen Feuchtigkeit entweichen kann. Im vorgeheizten Backofen ca. 20–30 Min bei 180 °C Ober-/Unterhitze goldbraun backen.

Anrichten: Die Strudelstücke mit Schnittlauch bestreuen und mit Sauerrahm und Radieschen anrichten.

LAUCHSTRUDEL

Karamellisierte Petersilienwurzeln / Kräutersoße

Die feinen und aromatischen Laucharomen treten beim Schmoren in Butter besonders gut hervor. Dabei verliert der Lauch an Schärfe und bekommt einen vollmundigen Schmelz. Shiitakepilze, Stangensellerie und Karotten kommen hinzu, etwas Kartoffelstampf gibt dem Strudel Bindung. Als aromatische Gegenspieler werden in Ahornsirup und Sojasoße karamellisierte Petersilienwurzeln und ein Kräutersößchen serviert. Alles zusammen ergibt ein wunderbar würziges Strudelgericht, das richtig Lust auf mehr macht.

LAUCHSTRUDEL:

500 g Lauch, klein geschnitten
100 g Karotten, klein gewürfelt
100 g Staudensellerie, klein gewürfelt
1 TL Salz, 1 EL Zucker
300 g Kartoffeln, mehlig kochend
50 g Butter
100 g Shiitakepilze, klein geschnitten
80 g Bergkäse, 30 g Parmesan
100 g Schmand
Muskat, Pfeffer, etwas Kümmel
Piment d'Espelette
50 g Semmelbröseln, 2 Eier, 1 Eiweiß
Strudelteig (siehe Seite 12)
oder Filoteig aus dem Kühlregal
50 g Butter, 1 Eigelb
Masse für ca. 7–8 Stücke

KARAMELLISIERTE PETERSILIENWURZELN:

2–3 Petersilienwurzeln
50–100 ml Ahornsirup
50 ml Sojasoße, 50 g Butter
100 ml Wasser

KRÄUTERSOSSE:

Petersilie, nach Geschmack
1 Knoblauchzehe, klein
100 g Schmand, 100 g Joghurt
etwas Zitronensaft
Olivenöl, mild, fruchtig
Salz, Zucker, Pfeffer

Petersilie

Lauchstrudel: Lauch, Karotten und Staudensellerie in eine Schüssel füllen und mit Salz und Zucker marinieren. Die Kartoffeln in der Schale kochen und etwas ausdampfen lassen. Die Schalen abziehen und die Kartoffeln durch eine Kartoffelpresse drücken oder stampfen. Die Butter in einer Pfanne aufschäumen, Lauch, Karotten und Staudensellerie darin ca. 5 Minuten anschwitzen. In eine Schüssel umfüllen, etwas abkühlen lassen und die Shiitakepilze untermischen. Bergkäse und Parmesan in einem Mixer fein pürieren oder sehr klein schneiden. Ebenfalls untermischen. Schmand dazugeben und mit Muskat, Pfeffer, etwas Kümmel und Piment d'Espelette würzig abschmecken. 2 Eier, Eiweiß und Semmelbrösel unterheben.

Strudelteig auf einem mehlierten Tuch ausziehen oder je 3–4 Blätter Filoteigblätter übereinanderlegen und jeweils mit flüssiger Butter bestreichen. Die Lauchmasse darauf verteilen. Die Ränder ca. 2–3 cm frei lassen. Die Seiten einschlagen und den Strudel fast ganz aufrollen. Das Endstück mit etwas Eigelb bestreichen, bevor die Rolle verschlossen wird. Das Eigelb wirkt wie ein Kleber. Den Strudel rundum mit Eigelb und Butter bestreichen und mit der Nahtseite nach unten auf ein mit Backpapier belegtes Backblech legen. Den Strudel mit einer Nadel mehrmals einstechen, damit beim Backen Feuchtigkeit entweichen kann. Im Backofen bei 180 °C Ober-/Unterhitze ca. 30 Minuten backen.

Karamellisierte Petersilienwurzeln: Die Petersilienwurzeln der Länge nach vierteln oder achteln. Ahornsirup, Sojasoße, Butter und Wasser in einer Pfanne aufkochen. Die Petersilienwurzeln hineingeben. Deckel darauf setzen und bei mittlerer Hitze ein paar Minuten dämpfen. Deckel abnehmen und Flüssigkeit einkochen lassen. Die Petersilienwurzeln karamellisieren dabei.

Kräutersoße: Die Petersilie und den Knoblauch fein hacken. Schmand, Joghurt, Zitronensaft mit etwas Olivenöl verrühren. Die Petersilie untermischen. Mit Salz, Zucker und Pfeffer abschmecken.

Anrichten: Etwas Kräutersoße auf die Mitte eines Tellers geben. Strudelstücke auf den Soßenspiegel setzen. Petersilienwurzeln anrichten, mit Soße und Petersilie garnieren.

HÄHNCHEN-BOHNEN-STRUDEL

Guacamole / Knoblauchsoße

Schnelle Genießer-strudel

Das ist die erste von unseren zwei mexikanisch geprägten Strudelkreationen. Hähnchen, Zwiebeln, Paprika, Bohnen und eine angenehme Chilinote dominieren das Aromenspektrum des Strudels. Ganz besonders gut dazu passt ein Guacamole-Dip, der auf Avocados basiert. Ein feines Knoblauchsößchen rundet das Gericht ab. Guten Appetit!

HÄHNCHEN-BOHNEN-STRUDEL:

200 g Kidneybohnen
1 Paprika, rot
500 g Hähnchenbrust
Olivenöl
2 rote Zwiebeln, fein geschnitten
2 Knoblauchzehen, fein gehackt
1 Chilischote, entkernt, fein gehackt
340 g Dosentomaten, stückig
Salz, Pfeffer, Paprika
Zucker
Strudelteig (siehe Seite 12)
oder Strudel- bzw. Filoteigblätter
aus dem Kühlregal
1 Eigelb, 50 g Butter, flüssig
Masse für ca. 6–8 Stücke

GUACAMOLE:

2 Avocados, reif
3 EL Limettensaft
1 rote Zwiebel, fein gewürfelt
¼ Chilischote, gehackt
2 Tomaten, gewürfelt
2 Knoblauchzehen, gepresst
1 EL Naturjoghurt
2 EL Koriander, gehackt
Salz, 1 Prise Zucker, Pfeffer

KNOBLAUCHSOSSE:

200 ml Sauerrahm
2 EL Milch
1-2 Knoblauchzehen, fein gehackt
Salz, Pfeffer, 1 Prise Zucker
½ Limette, Abrieb

Hähnchen-Bohnen-Strudel: Die Kidneybohnen in ein Sieb abgießen und gut abspülen. Im Sieb abtropfen lassen. Die Paprika entkernen und die weiße Haut entfernen. Die Hähnchenbrust und die Paprika in Streifen schneiden. Das Olivenöl in einer hohen Bratpfanne oder einem Topf erhitzen und die Hähnchenstreifen darin anbraten. Zwiebeln, Knoblauch und Chili zugeben und alles zusammen gut anschwitzen. Die Dosentomaten und Kidneybohnen in die Pfanne füllen und mit dem Fleisch vermengen. Mit Salz, Pfeffer, Paprika und einer Prise Zucker würzen. Einen Deckel auf die Pfanne geben und ca. 20 Minuten leicht köcheln lassen. Danach abkühlen lassen.

Strudelteig auf einem mehlierten Tuch ausziehen oder je 3–4 gekaufte Teigblätter übereinanderlegen und jeweils mit flüssiger Butter bestreichen. Die Strudelmasse auf dem Strudelteig gleichmäßig verteilen. Die Ränder ca. 2–3 cm frei lassen. Die Seiten des Strudels einschlagen und fast komplett aufrollen. Das Endstück mit etwas Eigelb bestreichen, bevor die Rolle verschlossen wird. Die Strudelrolle ringsum mit Eigelb und Butter bestreichen und auf ein mit Backpapier belegtes Backblech mit der Nahtseite nach unten legen. Den Strudel mehrfach mit einer Nadel einstechen, damit Feuchtigkeit beim Backen entweichen kann. Entweder 1 großen oder 2 kleinere Strudel herstellen. Im Backofen bei 180 °C Ober-/Unterhitze ca. 30 Minuten backen.

Guacamole: Avocados halbieren, die Kerne entfernen und das Fruchtfleisch mit einer Gabel zerdrücken. Den Limettensaft und alle anderen Zutaten unterheben und alles miteinander vermischen. Mit Salz, Zucker und Pfeffer abschmecken.

Knoblauchsoße: Alle Zutaten miteinander vermengen, mit Salz, Pfeffer, Zucker und dem Limettenabrieb abschmecken.

Anrichten: Die Guacamole auf einen Teller streichen, den Strudel darauf setzen und mit Knoblauchsoße garnieren.

SELLERIE-ZIEGENKÄSE-STRUDEL

Birnensalat / Joghurt-Zitronen-Dip

Schnelle Genießer-strudel

Staudensellerie ist wunderbar aromatisch und deshalb für Strudelgerichte geeignet. Ziegenkäse und Rosmarin sind seine Begleiter auf dem Teller. Perfekt dazu passen Birnen, die als Salat gereicht werden. Ein Joghurt-Zitronen-Dip rundet dieses Gericht ab, das nicht nur Sellerieliebhaber begeistert. Probieren Sie es aus!

SELLERIE-ZIEGENKÄSE-STRUDEL:

150 g Staudensellerie, fein gehackt
100 g Zucchini, fein gehackt
15 g Lauch, das Grüne, fein gehackt
30 g Karotten, fein gehackt
etwas Minze, fein gehackt
1 kleinere Knoblauchzehe, fein gehackt
1 TL Salz, 2 TL Zucker
10 g Rosmarin, fein gehackt
180 g Ziegenkäse, klein geschnitten
1 ½ EL Honig, 3 EL Semmelbrösel
1 Eiweiß
türkischer Yufkateig, dreieckig
(im türkischen Supermarkt erhältlich)
oder Strudelteig (siehe Seite 12)
1 EL Sonnenblumenkerne,
klein gehackt
1 Eigelb
50 g flüssige Butter
Masse für ca. 5–6 Portionsstrudel

BIRNENSALAT:

2 Birnen, aromatisch, fruchtig
2 EL Balsamico, weiß
2 EL Zitronensaft
etwas Salz, 1–2 EL Zucker
4 EL Wasser, 4 EL Olivenöl
6 EL Birnensaft oder Apfelsaft
4 EL Sonnenblumenöl
1 TL Basilikumpesto (siehe Seite 91)
geröstete Sonnenblumenkerne

JOGHURT-ZITRONEN-DIP:

4 EL Joghurt, 2 EL Crème fraîche
2 EL Sauerrahm, etwas Zitronensaft
Salz, etwas Zucker

Sellerie-Ziegenkäse-Strudel: Die Sellerie-, Zucchini-, Lauch- und Karottenwürfel in eine Schüssel füllen, Minze und Knoblauch dazugeben, mit Salz und Zucker mischen und 10 Minuten ziehen lassen. Rosmarin, Ziegenkäse, Honig, Semmelbrösel und Eiweiß unterheben und alles gut vermischen.
Strudelteig auf ca. 25 x 25 cm auf einem mehlierten Tuch zuschneiden und mit Butter bestreichen. Alternativ jeweils ein dreieckiges Yufkateigblatt mit Butter bestreichen. Füllung auf dem vorderen Drittel platzieren, die Ränder dabei ca. 2–3 cm frei lassen und mit etwas Eigelb bestreichen. Den Teig aufrollen und die Enden zusammendrücken.
Die kleinen Strudel rundum mit Eigelb und mit Butter bestreichen.
Mit einer Nadel den Strudel mehrmals einstechen, damit beim Backen Feuchtigkeit entweichen kann. Mit der Nahtseite nach unten auf ein mit Backpapier belegtes Blech legen. Restliche Strudel genauso herstellen. Die Sonnenblumenkerne hacken und die Strudel damit bestreuen.
Im vorgeheizten Backofen bei 180 °C Ober-/Unterhitze ca. 10 Minuten backen. Die Portionsstrudel sollten eine goldgelbe Farbe haben.

Birnensalat: Die Birnen entkernen und in feine Scheiben schneiden. Die restlichen Zutaten zu einer Salatsoße verrühren und die Birnenscheiben hineinlegen und durchziehen lassen.

Joghurt-Zitronen-Dip: Joghurt, Crème fraîche und Sauerrahm mit Zitronensaft, Salz und Zucker verrühren und abschmecken.

Anrichten: Birnensalat auf einen Teller anrichten. Strudel in 2 Teile schneiden und dazulegen. Mit Joghurt-Zitronen-Dip umgießen und mit den restlichen gerösteten Sonnenblumenkernen bestreuen.

TEXMEX-BURRITO-STRUDEL

Guacamole / Knoblauchsoße

Schnelle Genießer-strudel

Auch hier sorgen mexikanische Aromen für den besonderen Geschmack. Ein Burrito ist eine gefüllte Tortilla aus Weizenmehl. Wir wandeln das Gericht ab und machen daraus einen leckeren Strudel. Sehr gut dazu passt ein Guacamole-Dip, der auf Avocado basiert und mit Chili, Tomaten und Limetten aufgepeppt wird. Ein feines Knoblauch-Sauerrahm-Sößchen umschmeichelt beide Komponenten auf dem Teller und rundet das Gericht ab. Schnell gemacht und richtig gut.

TEXMEX-BURRITO-STRUDEL:

550 g Rinderhack
etwas Olivenöl
1 Zwiebel, mittelgroß, fein gehackt
½ Chili, fein gehackt
2 Knoblauchzehen
Kreuzkümmel, Paprika, Salz
Cayennepfeffer, 1 Prise Zucker
340 g Dosentomaten, stückig
200 g Mais, aus der Dose
1 EL Korianderblätter, gehackt
1 Eigelb, 50 g Butter, flüssig
Strudelteig (siehe Seite 12) oder
Strudelteig aus dem Kühlregal
Masse für ca. 7–8 Stücke

GUACAMOLE:

2 Avocados, reif
3 EL Limettensaft
1 rote Zwiebel, fein gewürfelt
¼ Chilischote, gehackt
2 Tomaten, gewürfelt
2 Knoblauchzehen, gepresst
1 EL Naturjoghurt
2 EL Koriander, gehackt
Salz, Pfeffer, 1 Prise Zucker

KNOBLAUCHSOSSE:

200 ml Sauerrahm
2 EL Milch
1–2 Knoblauchzehen, fein gehackt
Salz, Pfeffer, 1 Prise Zucker
Limettenabrieb

Texmex-Burrito-Strudel: Das Hackfleisch 1 Stunde vor der Zubereitung aus dem Kühlschrank nehmen. Das Olivenöl in einer großen Pfanne erhitzen und das Hackfleisch darin krümelig anbraten. Die gehackte Zwiebel und den Chili zugeben. Die Knoblauchzehen durch eine Presse in die Pfanne drücken, mit Kreuzkümmel, Paprika, Salz, Pfeffer und einer Prise Zucker abschmecken und kräftig würzen. Alles mit einem Kochlöffel gut vermischen. Die Tomaten unterrühren, einen Deckel auf die Pfanne legen und ca. 20 Minuten lang köcheln lassen. Zum Schluss den Mais und die Korianderblätter unterheben, ein paar Minuten mitköcheln lassen und nochmals abschmecken. Die Masse abkühlen lassen.

Strudelteig auf einem mehlierten Tuch ausziehen oder 3–4 Blätter gekauften Strudel- oder Filoteig übereinanderlegen und jeweils mit flüssiger Butter bestreichen. Die Hackfleischmasse auf dem Strudelteig gleichmäßig verteilen, dabei die Ränder 2–3 cm frei lassen. Die Seiten des Strudels einschlagen und den Strudel fast ganz aufrollen. Das Endstück mit etwas Eigelb bestreichen, bevor die Rolle verschlossen wird. Rundum mit Eigelb und Butter bestreichen und auf ein mit Backpapier belegtes Backblech mit der Nahtseite nach unten legen. Mit einer Nadel den Strudel mehrmals einstechen, damit beim Backen Feuchtigkeit entweichen kann. Entweder 1 großen oder 2 kleinere Strudel herstellen. Im Backofen bei 180 °C Ober-/Unterhitze ca. 30 Minuten backen.

Guacamole: Die Avocados halbieren, die Kerne entfernen und das Fruchtfleisch mit einem Löffel herauslösen und mit einer Gabel zerdrücken. Den Limettensaft und alle anderen Zutaten unterheben und alles miteinander gut vermischen. Mit Salz,Pfeffer und einer Prise Zucker abschmecken.

Knoblauchsoße: Alle Zutaten miteinander vermischen und mit Salz, Pfeffer, Zucker und dem Limettenabrieb abschmecken.

Anrichten: Die Guacamole auf einen Teller streichen, den Strudel darauf setzen, mit Knoblauchsoße und eventuell mit Tomaten garnieren.

ASIA-KRAUTSTRUDEL

Kräutercreme / Bratkartoffeln / Curryschmand

Schnelle Genießer-strudel

Diese herzhafte Strudelvariante kommt bei uns öfter auf den Tisch. Er ist eine echte Alternative zum klassischen Krautstrudel. Diese asiatische Version schmeckt unseres Erachtens viel besser. Den Unterschied machen Sojasoße, Chili und Hackfleisch. Wunderbar dazu passen eine Kräutercreme, Curryschmand und, wer mag, ein paar gebratene Kartoffelwürfel. Ein rundum köstliches Strudelgericht.

ASIA-KRAUTSTRUDEL:

800 g Weißkraut
Sonnenblumenöl
600 g Rinderhack
¼ Chilischote, gehackt
1 Zwiebel, groß, fein gewürfelt
etwas Sojasoße
Zucker, Salz, Pfeffer, Kümmel
2 TL Petersilie, gehackt
1 Eigelb
50 g Butter, flüssig
Strudelteig (siehe Seite 12) oder gekaufter Strudel- o. Filoteig aus dem Kühlfach
Masse für ca. 6–7 Stücke

KRÄUTERCREME:

200 g Lauch, das Grüne
20 g Oregano und Salbei
Salz und Zucker
30 g Staudensellerie
200 g Zwiebeln, 30 g Butter
150 ml Sahne
Salz, Pfeffer, Zucker

CURRYSCHMAND:

1 Becher Schmand
etwas Wasser
1–2 EL Curry, mild, fruchtig
Salz, Pfeffer, Zucker

BRATKARTOFFELN:

etwas Butter
3 mittlere Kartoffeln, festkochend
Salz, Pfeffer

Asia-Krautstrudel: Das Weißkraut putzen, vierteln, den Strunk entfernen und in quadratische Stücke (Fleckerl) schneiden. Sonnenblumenöl in einer Pfanne erhitzen und darin das Hackfleisch anbraten. Aus der Pfanne nehmen und beiseite stellen. Die Krautfleckerl in etwas Öl in der gleichen Pfanne rundum bei mittlerer Hitze gut anrösten. Darauf achten, dass sie nicht anbrennen, deshalb immer wieder wenden. Sobald die Krautfleckerl eine goldbraune Farbe haben, Hackfleisch, Chili und Zwiebelwürfel zugeben. Alles zusammen anschwitzen. Mit der Sojasoße, einer Prise Zucker und etwas Salz, Pfeffer und Kümmel würzen. Zum Schluss die gehackte Petersilie unterheben. Die Masse abkühlen lassen.

Strudelteig auf einem mehlierten Tuch ausziehen oder 3–4 Blätter Filoteig übereinanderlegen und jeweils mit flüssiger Butter bestreichen. Die Krautmasse auf dem Strudelteig gleichmäßig verteilen. Die Ränder ca. 2–3 cm frei lassen. Die Seiten des Strudel- oder Filoteiges einschlagen und den Teig fast ganz aufrollen. Das Endstück mit etwas Eigelb bestreichen, bevor die Rolle verschlossen wird. Das Eigelb wirkt wie ein Kleber. Die Strudelrolle rundum mit Eigelb und Butter bestreichen und auf ein mit Backpapier belegtes Backblech mit der Nahtseite nach unten legen. Mit einer Nadel mehrfach einstechen, damit Feuchtigkeit beim Backen entweichen kann. Im Backofen bei 180 °C Ober-/Unterhitze ca. 30 Minuten backen.

Kräutercreme: Lauch, Oregano und Salbei klein schneiden, in eine Schüssel füllen und mit etwas Salz und Zucker marinieren. Staudensellerie und Zwiebeln ebenfalls klein schneiden. Die Butter in einer Pfanne aufschäumen. Zwiebelwürfel darin farblos anschwitzen. Selleriewürfel und den Lauch dazugeben und weitere 5 Minuten anschwitzen. Mit Sahne aufgießen und kurz köcheln lassen. Alles in einem Mixer fein pürieren. Mit Salz, Pfeffer und Zucker abschmecken.

Curryschmand: Alle Zutaten miteinander verrühren und abschmecken.

Bratkartoffeln: Geschälte Kartoffeln in ca. 1 cm große Würfel schneiden. Butter in einer Pfanne aufschäumen. Die Kartoffelwürfel darin bei mittlerer Hitze langsam braten. Mit Salz und Pfeffer würzen.

Anrichten: Strudelstücke und Kräutercreme anrichten. Mit Curryschmand und Bratkartoffeln garnieren.

WEISS-GRÜNER SPARGELSTRUDEL

Mangold / Spargel-Parmesan-Soße

Dieser Spargelstrudel besteht aus weißem und grünem Spargel. Der grüne Spargel wird zur feinwürzigen Farce und umhüllt die weißen Spargelstangen. Mangold kommt gleich doppelt zum Einsatz, als Gemüse und als Salat. Dazu werden die Mangoldstiele gedünstet und aus den Blättern wird ein Salat zubereitet. Eine Spargelsoße ergänzt das Gericht. Ihre Würze erhält sie durch Parmesan. Eine feine vegetarische Strudelvariante, die keine Wünsche offen lässt.

WEISS-GRÜNER SPARGELSTRUDEL:

350 g Spargel, grün
Salz
Zucker
100 ml Wasser
50 g Parmesan
etwas Estragon
50 g Kräuter-Crème fraîche
50 g Pankomehl
15 g Mandelblättchen, geröstet
1 Ei
1 Eiweiß
8 Stangen Spargel, weiß
Salz
Zucker
200 ml Wasser
Strudelteig (siehe Seite 12) oder gekaufter Strudel- bzw. Filoteig aus dem Tiefkühlregal
1 Eigelb
50 g Butter, flüssig
Die Masse ergibt 1–2 Strudel, je nach Größe ca. 8 Stücke

Weiß-grüner Spargelstrudel: Den geschälten grünen Spargel in kleine Stücke schneiden und in einen Topf füllen. Mit Salz und Zucker marinieren. Ca. 10 Minuten stehen lassen. Mit 100 ml Wasser aufgießen und ca. 4–5 Minuten mit geschlossenem Deckel und bei mittlerer Hitze köcheln lassen. Den Topfinhalt in einen Mixer schütten. Parmesan, Estragon und Kräuter-Crème-fraîche dazugeben und die Masse fein pürieren. Etwas abkühlen lassen. Pankomehl, Mandelblättchen, Ei und Eiweiß unterheben und vermengen.

Den geschälten weißen Spargel in einem passenden Topf mit Salz und Zucker marinieren und 10 Minuten stehen lassen. Mit 200 ml Wasser auffüllen und ca. 3 Minuten mit geschlossenem Deckel kochen. Aus dem Wasser nehmen und auf Küchenkrepp legen, damit er abtropfen kann.

Den Strudelteig auf einem mehlierten Tuch ausziehen oder 3–4 Blätter gekauften Strudel- oder Filoteig mit Butter bestreichen und übereinanderlegen. Einen Teil der grünen Spargelfarce auf dem vorderen Drittel des Teiges verstreichen. An den Rändern 3–4 cm frei lassen. Auf die Spargelfarce 3–4 Stangen weißen Spargel legen. Darüber wieder die grüne Spargelfarce verstreichen. Die Strudelränder einschlagen und den Teig fast ganz aufrollen. Das Endstück mit etwas Eigelb einstreichen, bevor die Rolle verschlossen wird. Das Eigelb wirkt wie ein Kleber. Die Strudelrolle rundum mit Eigelb und Butter bestreichen und auf ein mit Backpapier belegtes Backblech mit der Nahtseite nach unten legen. Mit einer Nadel den Strudel mehrfach einstechen, damit Feuchtigkeit beim Backen entweichen kann. Im Backofen bei 180 °C Ober-/Unterhitze ca. 30 Minuten backen und etwas abkühlen lassen.

SPARGEL-PARMESAN-SOSSE:

150 g Spargelabschnitte, weiß
Salz
Zucker
50 ml Wasser
50 g Parmesan
1 TL Curry, mild aromatisch
2 EL Kräuter-Crème fraîche

MANGOLDGEMÜSE:

Mangoldblätter mit Stielen
etwas Butter
½ Zwiebel
1 Knoblauchzehe
100 ml Wasser
Salz
Pfeffer

MANGOLDSALAT:

Mangoldblätter
etwas Wildkräutersalat
Salz
Zucker
etwas Essig
Sonnenblumenöl

Spargel-Parmesan-Soße: Die Spargelabschnitte in einem Topf mit Salz und Zucker marinieren und ein paar Minuten stehen lassen, bis sie Feuchtigkeit abgeben. Mit 50 ml Wasser auffüllen und bei geschlossenem Deckel 5 Minuten leicht köcheln lassen. In einem Mixer zusammen mit Parmesan, Curry und Crème fraîche fein pürieren. Zurück in den Topf geben und erhitzen, bis der Parmesan geschmolzen ist.
Zur Seite stellen. Es reicht, wenn die Soße warm serviert wird.
Mit Salz und Pfeffer würzig abschmecken.

Mangoldgemüse: Die Mangoldblätter von den Stielen schneiden. Die Blätter für den Salat zur Seite legen. Die Stiele in Stücke schneiden. Butter in einem Topf aufschäumen, klein geschnittene Zwiebeln und angedrückte Knoblauchzehe hineingeben und anschwitzen. Die Mangoldstiele dazugeben und ein paar Minuten mitschmoren lassen. Mit etwas Wasser auffüllen und so lange köcheln lassen, bis der Mangold gegart ist. Mit Salz und Pfeffer würzen. Den Knoblauch entfernen.

Mangoldsalat: Die Mangoldblätter und den Kräutersalat in eine Schüssel füllen. Aus Salz, Zucker, Essig und Öl eine Marinade herstellen und über den Salatblättern verteilen.

Anrichten: Strudelstücke auf einen Teller legen. Etwas Spargel-Parmesan-Soße auf den Teller streichen und darüber das Mangoldgemüse anrichten. Den Salat separat reichen.

KOHLRABI-KAROTTEN-STRUDEL

Schnelle Genießerstrudel

Lauch, Egerlinge, Tomaten, Curry-Eier-Soße

KOHLRABI-KAROTTEN-STRUDEL:

700 g Kohlrabi, klein gewürfelt
40 g Zucker, 15 g Salz
250 g Karotten, fein gewürfelt
20 g Zucker, 7 g Salz
40 g Butter
80 g Zwiebeln, fein gehackt
etwas Mehl, 250 g Sauerrahm
Kohlrabiblätter, gehackt
100 g Haselnüsse, blanchiert
40 g Bergkäse, würzig
1 Ei, 1 Eiweiß, 4 EL Semmelbrösel
50 g Butter, 1 Eigelb
Strudelteig (siehe Seite 12) oder gekaufte Strudel- bzw. Filoblätter
Sesamkörner
Die Masse ergibt ca. 10 Stücke

CURRY-EIER-SOSSE:

3 Eier, hart gekocht, 100 g Sauerrahm
50 ml Sahne, 100 g Joghurt
2 EL Mayonnaise, 1 TL Curry, mild
Kohlrabiblätter, fein gehackt
Salz, Zucker

BEILAGE:

Frühlingszwiebeln, Butter, Egerlinge
Cocktailtomaten, etwas Petersilie

Kohlrabi-Karotten-Strudel: Kohlrabi mit 40 g Zucker und 15 g Salz vermengen. Ebenso Karotten mit 20 g Zucker und 7 g Salz vermischen und jeweils 10 Minuten ziehen lassen. Zwiebeln in Butter farblos anschwitzen. Kohlrabi und Karotten dazugeben und mit Mehl bestäuben. Ca. 5 Minuten köcheln lassen. Den Sauerrahm untermischen. Weitere 15 Minuten köcheln lassen, damit Flüssigkeit verdampfen kann. Die Kohlrabiblätter unterheben, alles abkühlen lassen. Die Haselnüsse in einer Pfanne leicht rösten und grob hacken und zur Kohlrabimasse geben. Bergkäse reiben und zusammen mit Ei und Eiweiß unterheben. Mit den Semmelbröseln etwas binden.

Strudelteig auf einem mehlierten Tuch ausziehen oder 3–4 Blätter gekaufte Teigblätter übereinanderlegen und jeweils mit flüssiger Butter bestreichen. Die Kohlrabimasse darauf verteilen. Die Ränder ca. 2–3 cm frei lassen. Die Seiten des Strudelteiges einschlagen und den Teig aufrollen. Vor dem Verschließen der Strudelrolle das Endstück mit etwas Eigelb bestreichen. Den Strudel rundum mit Eigelb und Butter bestreichen und auf ein mit Backpapier belegtes Backblech mit der Nahtseite nach unten legen. Mit Sesam bestreuen. Mit einer Nadel den Strudel mehrfach einstechen, damit Feuchtigkeit beim Backen entweichen kann. Im Backofen bei 180 °C Ober-/Unterhitze ca. 30 Minuten backen.

Curry-Eier-Soße: Eier, Sahne, Joghurt, Mayonnaise und Curry in einen Mixer geben und fein pürieren. Kohlrabiblätter untermischen und mit Salz und Zucker würzig abschmecken.

Beilage: Klein geschnittene Frühlingszwiebeln kurz in kochendem Salzwasser blanchieren. Butter in einer Pfanne aufschäumen und alle Gemüse darin für ein paar Minuten anbraten und würzen.

Alles auf einem Teller anrichten.

STEINPILZSTRUDEL

Weißweinsoße / Salat

Wenn Steinpilzzeit ist, sollten Sie auf jeden Fall mal diese Strudelvariante ausprobieren. Ein schnelles und wirklich leckeres Strudelgericht, das schon ein kleines Highlight auf dem Teller ist. Dieser Strudel ist schnell gemacht. Perfekt dazu passt eine ebenso schnelle Weißweinsoße. Mit einem Salat angerichtet, hat man in kurzer Zeit eine feine Hauptspeise gezaubert. Strudelglück geht ganz einfach!

STEINPILZSTRUDEL:

25 g Butter
1 Knoblauchzehe, fein gehackt
2 Schalotten, fein gehackt
400 g Steinpilze, fein gewürfelt
200 g Speck, klein gewürfelt
4 EL Parmesan, gerieben
4 EL Frischkäse
12 g Kräuter
Rosmarin, Thymian und Petersilie
Salz, Pfeffer, Zucker
1 Eiweiß
5 EL Semmelbrösel
Strudelteig (siehe Seite 12) oder
gekaufte Strudel- o. Filoteigblätter
aus dem Kühlregal
1 Eigelb
50 g Butter, flüssig
Masse für ca. 6–8 Stücke

WEISSWEINSOSSE:

25 g Butter
1 EL Mehl
100 ml Weißwein
100 ml Sahne
100 ml Gemüsefond (siehe Seite 29)
Zucker, Salz, Pfeffer

SALAT:

Salate nach Wahl
8 EL Olivenöl
4 EL Balsamico, weiß
1 EL Senf, mittelscharf
1 EL Honig, flüssig
Salz, Pfeffer

Steinpilzstrudel: Die Butter in einer Pfanne aufschäumen, den Knoblauch und die Schalotten darin leicht anschwitzen. Die gewürfelten Steinpilze zugeben und alles gut vermengen. Die Speckwürfel in einer anderen Pfanne kross anbraten und dann zu den Steinpilzen in die andere Pfanne füllen. Den Parmesan und den Frischkäse unterrühren und mit Kräutern, Salz, Pfeffer und einer Prise Zucker würzen. Die Masse abkühlen lassen. Eiweiß unterheben und mit den Semmelbröseln die Masse binden.

Strudelteig auf einem mehlierten Tuch ausziehen oder 3–4 Blätter gekauften Strudel- oder Filoteig übereinanderlegen und jeweils mit flüssiger Butter bestreichen. Die Steinpilzmasse auf dem Strudelteig gleichmäßig verteilen. Die Ränder ca. 2–3 cm frei lassen. Die Seiten des Strudel- oder Filoteiges einschlagen und den Teig fast ganz aufrollen. Das Endstück mit etwas Eigelb bestreichen, bevor die Rolle verschlossen wird. Das Eigelb wirkt wie ein Kleber. Den Strudel rundum mit Eigelb und Butter bestreichen und auf ein mit Backpapier belegtes Backblech mit der Nahtseite nach unten legen. Mit einer Nadel den Strudel mehrfach einstechen, damit Feuchtigkeit beim Backen entweichen kann. Im Backofen bei 180 °C Ober-/Unterhitze ca. 30 Minuten backen.

Weißweinsoße: Die Butter aufschäumen, das Mehl mit einem Schneebesen unterrühren, Weißwein, Sahne und Gemüsefond zugießen und kräftig weiterrühren, damit keine Klümpchen entstehen. Die Soße eindicken lassen. Mit einer Prise Zucker, Salz und Pfeffer würzig abschmecken.

Salat: Alle Zutaten in einen hohen Behälter geben und mit einem Schneebesen cremig schlagen. Salate damit beträufeln.

Anrichten: Strudelstücke auf einen Teller setzen. Weißweinsoße angießen und mit Salaten garnieren.

GRIEBENSTRUDEL

Spitzkohlsalat / karamellisierte Karotten / Lauchsoße

Dieser Klassiker der herzhaften Strudelküche ist eine richtig leckere Angelegenheit. Geschmacklich und von der Konsistenz erinnern Grieben an die krosse Kruste eines Schweinebratens. Grieben bekommt man beim guten Metzger oder im Internet. Gebratene Zwiebeln, Knoblauch, Bratkartoffeln und ein würziges Kartoffelpüree mit Schnittlauch ergänzen sie in der Strudelfüllung. Dazu passt ein Spitzkohlsalat (Krautsalat) mit Kümmel und krossem Speck. Als Abrundung empfehlen wir karamellisierte Karotten und eine Lauchsoße.
Würzig, herzhaft und richtig g´schmackig!

Feine Gourmet-strudel

GRIEBENSTRUDEL:

600 g Kartoffeln, mehlig
2 Eier
1 Eiweiß
3 EL Schmand
20 g Schnittlauch, fein gehackt
4 EL Semmelbrösel
Salz
Pfeffer
Muskat
200 Zwiebeln
3 Knoblauchzehen

300 g Kartoffeln, festkochend
30 g Butter
Salz
Pfeffer

400 g Grieben
Salz
Pfeffer

Strudelteig (siehe Seite 12)
oder gekaufte
Strudel- bzw. Filoteigblätter
aus dem Kühlregal
50 g flüssige Butter
1 Eigelb
Masse für 2 größere Strudel
(ca. 10–12 Stücke)

Griebenstrudel: Die mehligen Kartoffeln in gesalzenem Wasser gar kochen, abschütten, schälen und durch die Kartoffelpresse drücken. Die Eier und das Eiweiß unter die durchgedrückten Kartoffeln mischen. Den Schmand, den Schnittlauch und die Semmelbrösel ebenfalls mit der Kartoffelmasse vermengen. Mit Salz, Pfeffer und Muskat würzig abschmecken. Zwiebeln und Knoblauch klein schneiden und in etwas Butter anbraten und zur Seite stellen.

Die festkochenden Kartoffeln schälen, in kleine Würfel schneiden und in der Butter braten. Mit Salz und Pfeffer würzen. Die Grieben klein schneiden, in einer Pfanne anbraten und mit Salz und Pfeffer würzen.

Strudelteig auf einem mehlierten Tuch ausziehen oder 3–4 gekaufte Teigblätter mit Butter bestreichen und übereinanderlegen. Auf die Strudelblätter zuerst etwas Kartoffelmasse streichen. Dabei rundum zum Rand hin ca. 3–4 cm frei lassen. Über die Kartoffelmasse die Zwiebeln und die gebratenen Kartoffelwürfel verteilen. Zum Abschluss die Grieben darüber streuen.

Die Seiten des Strudelteiges einschlagen und den Teig fast ganz aufrollen. Das Endstück mit etwas Eigelb bestreichen, bevor die Rolle verschlossen wird. Das Eigelb wirkt wie ein Kleber. Den Strudel rundum mit Eigelb und Butter bestreichen und auf ein mit Backpapier belegtes Backblech mit der Nahtseite nach unten legen. Mit einer Nadel den Strudel mehrfach einstechen, damit Feuchtigkeit beim Backen entweichen kann.
Im Backofen bei 180 °C Ober-/Unterhitze ca. 30 Minuten backen.

SPITZKOHLSALAT:

400 g Spitzkohl, fein gehobelt
8 g Salz
20 g Zucker
50 g Speck, gut durchwachsen
2 EL Sonnenblumenöl
1 EL Kümmel
4 EL weißer Balsamessig
1 EL Schnittlauch, klein geschnitten

LAUCHSOSSE:

250 g Lauch, das Grüne
60 g Staudensellerie
Salz
Zucker
100 ml Wasser
1 EL Butter
etwas Salbei und Oregano, frisch (falls vorhanden), nach Geschmack
100–200 ml Sahne
Pfeffer
1 Schuss Essig

KARAMELLISIERTE KAROTTEN:

Pro Portion 1–2 Karotten, mit Grün
1 Zwiebel
40 g Butter
ca. 150 ml Orangensaft
ca. 50–100 ml Ahornsirup
Salz
Pfeffer
Zucker

Spitzkohlsalat (Krautsalat): Den Spitzkohl fein hobeln und in eine Schüssel füllen. Mit Salz und Zucker marinieren, 10 Minuten stehen lassen. Den Speck in kleine Würfel schneiden, zusammen mit dem Öl und dem Kümmel in einer Pfanne anbraten. Der Speck wird dabei knusprig und das Fett brät aus. Den Essig jetzt direkt in die Pfanne gießen, kurz aufkochen lassen und sofort über dem Spitzkohl verteilen. Schnittlauch unterheben und mit Salz und Zucker abschmecken, falls notwendig. Alles gut durchmischen und ziehen lassen.

Lauchsoße: Den Lauch und den Staudensellerie klein schneiden und in einen Topf füllen. Mit Salz und Zucker marinieren und 10 Minuten stehen lassen. Mit 100 ml Wasser aufgießen, die Butter dazugeben und einmal aufkochen lassen. Einen Deckel auf den Topf legen und bei mittlerer Hitze ca. 5 Minuten köcheln lassen. Der Lauch sollte weich sein und seine Farbe behalten. Die Masse zusammen mit Salbei und Oregano in einen Mixer füllen und fein pürieren. Sahne dazugießen, damit aus dem Püree eine sämige Soße wird. Mit Pfeffer und Essig abschmecken.

Karamellisierte Karotten: Karotten schälen, etwas Grün an den geschälten Karotten belassen. Die Karotten längs halbieren. Die Zwiebel fein würfeln. Butter in einer Pfanne aufschäumen. Die Zwiebeln darin anschwitzen. Die Karotten in die Pfanne legen und mit Orangensaft und Ahornsirup übergießen. Mit Salz, Pfeffer und Zucker würzen. Bei mittlerer Hitze die Karotten schmoren und karamellisieren lassen, während die Flüssigkeit verkocht. Karotten öfters wenden.

Anrichten: Ein Stück Strudel auf den Teller setzen. Spitzkohlsalat dazugeben und darauf die Karotten legen. Die Lauchsoße angießen.

Schnelle Genießer-strudel

WIRSING-PASTINAKEN-STRUDEL

Orangen-Rotwein-Schalotten

WIRSING-PASTINAKEN-STRUDEL:

700 g Wirsing, fein geschnitten
1 TL Salz, 1 EL Zucker
150 g Pastinaken, in feine Würfel geschnitten, Salz, Zucker
100 g Cashewkerne, 30 g Butter
50 g Zwiebeln, fein gewürfelt
1 EL Ingwer, fein gerieben
2 EL Olivenöl, 100 ml Weißwein
70 g Crème fraîche, 150 ml Sahne
200 ml Gemüsefond (s. Seite 29)
1 Ei, 2–3 EL Semmelbrösel
200 g Schafskäse, klein geschnitten
1 TL Kreuzkümmel, 1 EL Thymian
Salz, Honig, Piment d'Espelette
50 g Butter, Strudelteig (s. S. 12) oder gekaufte Filoteigblätter
etwas Sesamkörner nach Geschmack
Die Masse ergibt ca. 10 Stücke

ORANGEN-ROTWEIN-SCHALOTTEN:

60 g Butter
400 g Schalotten
3 Lorbeerblätter, 6 Stängel Thymian
400 ml Rotwein, 2 große Orangen
3 EL Zucker, etwas Salz

Wirsing-Pastinaken-Strudel: Den Wirsing mit Salz und Zucker marinieren und 10 Minuten ziehen lassen. Die Pastinaken ebenso zuckern und salzen. Die Cashewkerne in einer Pfanne ohne Fett rösten und auf einem Brett grob hacken. Die Zwiebeln in Butter glasig dünsten. Wirsing und Pastinaken zu den Zwiebeln geben und anschwitzen. Ingwer, Olivenöl, Weißwein, Crème fraîche, Sahne und Gemüsebrühe untermischen und 10 Minuten köcheln lassen. Die Flüssigkeit soll dabei einkochen. Die Masse etwas abkühlen lassen. Das Ei trennen und Eiweiß und Schafskäse unterheben. Mit Semmelbröseln binden. Cashewkerne dazugeben und mit Kreuzkümmel, Thymian Salz, Honig und Piment d'Espelette würzig abschmecken. Strudelteig auf einem mehlierten Tuch ausziehen oder 3–4 gekaufte Teigblätter übereinanderlegen und jeweils mit flüssiger Butter bestreichen. Wirsingmasse auf den Strudelblättern verteilen. Die Ränder ca. 2–3 cm frei lassen. Die Seiten des Strudel- oder Filoteiges einschlagen und das Endstück mit etwas Eigelb bestreichen. Den Teig zum Strudel aufrollen. Die Strudelrolle rundum mit Eigelb und Butter bestreichen und auf ein mit Backpapier belegtes Backblech mit der Nahtseite nach unten legen. Mit Sesam bestreuen. Mit einer Nadel den Strudel mehrfach einstechen, damit Feuchtigkeit beim Backen entweichen kann. Im Backofen bei 180 °C Ober-/Unterhitze ca. 30 Minuten backen.

Orangen-Rotwein-Schalotten: Die Butter in einem Topf aufschäumen. Die Schalotten dazugeben und ein paar Minuten anschwitzen. Rotwein, Lorbeerblätter, Thymian, Salz und Zucker dazugeben und 15 Minuten einköcheln lassen. Die Orangen filetieren, zu den Schalotten geben und kurz mitziehen lassen. Strudelstücke und Orangen-Rotwein-Schalotten auf einem Teller anrichten.

SPINAT-SCHAFSKÄSE-STRUDEL

Saibling / Paprika / Lauchöl / Paprikaöl / Currysoße

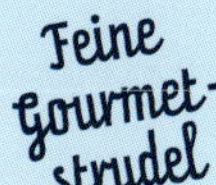

Der Spinatstrudel gehört zu den klassischen Strudelvarianten. Wir peppen ihn mit Kräutern, Gemüse, Weißwein, Parmesan und Schafskäse auf. So spielt er gleich in einer anderen Liga. Als Begleiter bekommt er einen warmen Saibling, eine feine Currysoße und zwei Öle, bestehend aus Lauch und Paprika, zur Seite. So wird aus einem einfachen Strudel schnell ein Gericht, das auch zu einem besonderen Anlass passt. Ein wunderbares Hauptgericht, das sofort in den Strudelhimmel führt.

SPINATSTRUDEL:

70 g Butter
100 g Zwiebeln, klein geschnitten
12 g Knoblauch, klein geschnitten
100 g Lauch, das Grüne, klein geschnitten
80 g Staudenselleriewürfel, klein geschnitten
600 g Spinat, gewaschen
2 EL Crème fraîche, gehäuft
100 ml Weißwein
10 g Salbei, klein geschnitten
50 g Parmesan, gerieben
Salz, Pfeffer, Muskat, Zucker
½ Zitrone, Saft
1 EL Speisestärke
250 g Schafskäse, klein gewürfelt
Strudelteig (siehe Seite 12) oder gekaufte Strudel- bzw. Filoteigblätter aus dem Kühlregal
1 Eigelb
50 g Butter, flüssig
Masse für ca. 6–8 Stücke

PAPRIKAÖL UND PAPRIKA:

2 Paprika, rot, groß
50 ml Olivenöl, fruchtig, mild
50 ml Sonnenblumenöl
etwas Chilisalz
etwas Zucker
1 Spritzer Zitronensaft
etwas Paprikapulver

Spinatstrudel: Butter in einem Topf aufschäumen, Zwiebeln und Knoblauch hineingeben und goldgelb anschwitzen. Den Lauch und die Staudenselleriewürfel unterheben und ebenfalls anschwitzen. Nach und nach den Spinat zugeben, bis er „zusammengefallen" ist. Crème fraîche und Weißwein unterrühren und köcheln lassen. Salbei und Parmesan zum Spinat geben und vermengen. Mit Salz, Pfeffer, Muskat, Zucker und Zitronensaft würzig abschmecken und mit der Speisestärke binden. Die Masse erkalten lassen.

Strudelteig auf einem mehlierten Tuch ausziehen oder 3–4 gekaufte Teigblätter mit Butter bestreichen und übereinanderlegen. Spinatfüllung darauf verteilen. Dabei rundum zum Rand hin ca. 3–4 cm frei lassen. Schafskäse über die Spinatfüllung streuen. Die Seiten des Strudelteiges einschlagen und den Teig fast ganz aufrollen. Das Endstück mit etwas Eigelb bestreichen, bevor die Rolle verschlossen wird. Das Eigelb wirkt wie ein Kleber. Den Strudel rundum mit Eigelb und Butter bestreichen und auf ein mit Backpapier belegtes Backblech mit der Nahtseite nach unten legen. Mit einer Nadel den Strudel mehrfach einstechen, damit Feuchtigkeit beim Backen entweichen kann. Entweder kleinere Portionsstrudel oder einen größeren Strudel herstellen. Im Backofen bei 180 °C Ober-/Unterhitze ca. 30 Minuten backen, bis er goldgelb ist. Aus dem Ofen nehmen und etwas abkühlen lassen.

Paprikaöl und Paprika: Paprikas waschen, halbieren, den Strunk und die weißen Teile herausschneiden. Auf ein mit Backpapier belegtes Blech mit der Hautseite nach oben legen. Im Backofen bei 200 °C so lange garen, bis die Paprikahaut Blasen wirft und braun bis schwarz wird. Aus dem Ofen nehmen und die Haut abziehen. Ca. 80–100 g vom Paprika in einen Mixer füllen, die beiden Öle, Chilisalz, Zucker, Zitronensaft dazugeben und fein pürieren. Mit Paprikapulver abschmecken und durch ein Sieb streichen. Restlichen Paprika in Streifen schneiden und warm halten.

LAUCHÖL:

50 g Lauch, das Grüne
200 ml Sonnenblumenöl
1 Prise Salz

CURRYSCHAUM:

1 Kurkumawurzel
400 ml Fischfond
3 TL Curry, Madras
und englischer Curry
1 TL Zucker
1 TL Crème fraîche
150 ml Sahne
25 ml Orangensaft
etwas Chilisalz

SAIBLING:

Butterflocken
Saiblingsfilets, nach Geschmack
1 Limette, Saft
Salz
Pfeffer

Lauchöl: Den gewaschenen Lauch klein schneiden und in einen Topf füllen. Öl und Salz dazugeben – kurz auf ca. 85 °C erhitzen. Mit einem Pürierstab oder noch besser mit einem Mixer fein pürieren. Öl durch ein feines Sieb abgießen. Das Öl kann man länger aufbewahren und ganz wunderbar auch für andere Gerichte verwenden.

Curryschaum: Die Kurkumawurzel fein reiben. Fischfond aufkochen, die beiden Currysorten und die Kurkumascheiben hineingeben und alles zusammen auf 250 ml einkochen. Zucker, Crème fraîche, Sahne und Orangensaft in die Soße geben und köcheln lassen. Soße mit Chilisalz und Zucker abschmecken.

Saibling: Den Backofen auf 85 °C vorheizen. Teller mit Butterflocken bestreichen. Die Saiblingsfilets auf den gebutterten Teller geben und mit Butterflocken belegen. Den Limettensaft über die Fischfilets träufeln. Mit Salz und Pfeffer würzen. Den Teller mit einer Frischhaltefolie luftdicht verschließen und in den Backofen stellen – dort die Saiblingsfilets ca. 20 Minuten garen. Keine Sorge, die Frischhaltefolie verträgt diese Temperatur problemlos.

Anrichten: Den warmen Fisch auf den Teller legen. Ein Stück Spinat strudel dazusetzen. Die Currysoße mit einem Stabmixer aufschäumen und rund um den Fisch angießen. Paprikaöl rundum verteilen.
Die restlichen Paprikastreifen auf dem Teller verteilen und mit ein paar Tropfen Lauchöl ausgarnieren.

LINSEN-DAL-STRUDEL

Joghurtdip

Schnelle Genießerstrudel

LINSEN-DAL-STRUDEL:

200 g rote Linsen
4 EL Kokosöl oder Ghee
1 Knoblauchzehe, fein gehackt
1 Zwiebel, gewürfelt
2 TL Dal-Masala-Gewürz
1 TL Kreuzkümmel
2 TL Salz
½ TL Harissa
½ TL Cayennepfeffer
2 cm Ingwer, gerieben
100 g Zucchini, gewürfelt
250 ml Kokosmilch
100 ml Gemüsefond (siehe Seite 29)
Strudelteig (siehe Seite 12) oder gekauften Strudel- bzw. Filoteig aus dem Kühlregal
Die Masse ergibt ca. 6 Stücke

JOGHURTDIP:

150 g Joghurt
je 1 Prise Zucker, Salz, Pfeffer
1 TL Zitronenabrieb
Kurkuma

AUSSERDEM:

2 EL Koriander, gehackt

Linsen-Dal-Strudel: Die Linsen in einem Sieb waschen und abtropfen lassen. Das Öl in einem Topf erhitzen. Den Knoblauch, die Zwiebelwürfel, alle Gewürze und den Ingwer zugeben und alles miteinander kurz anschwitzen. Die Linsen und die Zucchini untermischen. Die Kokosmilch und die Gemüsebrühe angießen und unter Rühren ca. 10 Minuten köcheln lassen, bis die Linsen gar sind und die Flüssigkeit reduziert ist. Die Linsenfüllung abkühlen lassen.

Strudelteig auf einem mehlierten Tuch ausziehen oder 3–4 gekaufte Teigblätter mit Butter bestreichen und übereinanderlegen. Die Linsenmasse auf den Strudelblättern auftragen und verteilen. Die Ränder ca. 2–3 cm frei lassen. Die Seiten des Strudel- oder Yufkateiges einschlagen und den Teig fast ganz aufrollen. Das Endstück mit etwas Eigelb bestreichen, bevor die Rolle verschlossen wird. Das Eigelb wirkt wie ein Kleber.

Die Strudelrolle rundum mit Eigelb und Butter bestreichen und auf ein mit Backpapier belegtes Backblech mit der Nahtseite nach unten legen. Mit einer Nadel den Strudel mehrfach einstechen, damit Feuchtigkeit beim Backen entweichen kann. Im Backofen bei 180 °C Ober-/Unterhitze ca. 20-25 Minuten backen.

Joghurtdip: Den Joghurt mit einer Prise Zucker, Salz und Pfeffer und dem Zitronenabrieb vermengen.
Mit Kurkuma bestreuen.

Anrichten: Den Strudel mit dem Dip und dem gehacktem Koriander anrichten. Mit etwas Kurkuma bestreuen.

BRATKARTOFFEL-STRUDEL

Kabeljau / Erbsenpüree / Orangen-Vanille-Soße

Feine Gourmet-strudel

Der Kartoffelstrudel gehört in die Kategorie „Strudelklassiker". Wir wollten ihn etwas aufpeppen. Herausgekommen ist ein Strudelgericht, das richtig lecker schmeckt. Diesen Bratkartoffelstrudel kann man auch einfach nur mit Salat genießen! Er passt perfekt zu Fleisch- oder Fischgerichten. Ein solches wollen wir Ihnen hier vorstellen. Als Begleiter kommen Kabeljau, ein Orangen-Vanille-Sößchen und ein Erbsenpüree auf den Teller, eigentlich ein Erbsen-Apfel-Püree! Bei uns kommt das sehr oft auf den Tisch. Es ist wirklich gut. Falls Sie Erbsen in der Form noch nicht probiert haben, unbedingt mal versuchen – es lohnt sich. Insgesamt ein rundum feines Strudelgericht. Guten Appetit!

BRATKARTOFFELSTRUDEL:

400 g festkochende Kartoffeln, am Vortag gekocht
1–2 EL Butter
2 Knoblauchzehen, fein gewürfelt
Salz, Pfeffer

700 g Kartoffeln, mehlig, roh
70 g rote Zwiebeln, fein gewürfelt
65 g Semmelbrösel
1 EL Crème fraîche
3 EL Schmand
1 Ei
Salz, Pfeffer, Muskat, Zucker
2 EL Sonnenblumenöl
30 g Petersilie, gehackt
Strudelteig (siehe Seite 12) oder gekaufte Strudel- bzw. Filoteigblätter aus dem Kühlregal
1 Eigelb
flüssige Butter
Masse für 2 Strudel (ca. 8 Stücke)

ERBSENPÜREE:

800 g grüne Erbsen, TK oder frisch
100 g Parmesan
100 g braune Butter
1 EL Quark
300 g Apfelmus
ggf. etwas Semmelbrösel
Salz, Pfeffer

Bratkartoffelstrudel: Die gekochten Kartoffeln schälen und in kleine Würfel schneiden. In einer Pfanne die Butter aufschäumen und die Kartoffelwürfel darin anbraten und bräunen. Nach ein paar Minuten die Zwiebel- und Knoblauchwürfel hinzugeben und mitbraten. Mit Salz und Pfeffer würzen, abkühlen lassen und zur Seite stellen.

Die rohen Kartoffeln in einen Topf füllen und in Salzwasser gar kochen. Die Kartoffeln heiß schälen und durch eine Kartoffelpresse drücken und etwas auskühlen lassen. Die Semmelbrösel, Crème fraîche, Schmand und das Ei zur Kartoffelmasse geben und gut durchmischen. Mit Salz, Pfeffer, Muskat und einer Prise Zucker würzig abschmecken. Sonnenblumenöl in einer Pfanne erhitzen. Die Petersilie für ca. 20 Sekunden darin frittieren und unter die Kartoffelmasse mischen. Den Teig komplett abkühlen lassen.

Strudelteig auf einem mehlierten Tuch ausziehen oder 3–4 gekaufte Teigblätter mit Butter bestreichen und übereinanderlegen. Kartoffelmasse darauf verteilen. Dabei rundum zum Rand hin ca. 3–4 cm frei lassen. Darüber die Bratkartoffel verteilen. Die Seiten des Strudelteiges einschlagen und den Teig fast ganz aufrollen. Das Endstück mit etwas Eigelb bestreichen, bevor die Rolle verschlossen wird. Das Eigelb wirkt wie ein Kleber. Den Strudel rundum mit Eigelb und Butter bestreichen und auf ein mit Backpapier belegtes Backblech mit der Nahtseite nach unten legen. Mit einer Nadel den Strudel mehrfach einstechen, damit Feuchtigkeit beim Backen entweichen kann. Im Backofen bei 180 °C Ober-/Unterhitze ca. 30 Minuten backen, bis er goldgelb ist. Aus dem Ofen nehmen, etwas abkühlen lassen.

Erbsenpüree: Aufgetaute oder frische Erbsen, geriebenen Parmesan, braune Butter, Quark und Apfelmus in einem Mixer fein pürieren. Mit Salz und Pfeffer abschmecken und einmal aufkochen. Eventuell etwas Semmelbrösel dazugeben, falls das Püree zu flüssig erscheint.

ORANGEN-VANILLE-SOSSE:

1 EL Butter
150 g Zwiebeln, klein geschnitten
1 Kurkumawurzel, ca. 5 g, klein geschnitten
10 g Ingwer, klein geschnitten
100 g Fenchel, klein geschnitten
100 g Pastinaken, klein geschnitten
60 g Karotten, klein geschnitten
20 g Petersilie, Stängel und Grün
100 ml Weißwein
100 ml Noilly Prat
100 ml Wasser
400 ml Orangensaft, mild
1 TL Korianderkörner
3 Lorbeerblätter
1 EL Senf, süß
2 EL Crème fraîche
½ TL Garam Masala
½ TL Madras-Curry
30 g kalte Butter
1 EL Honig
Salz
Zucker
Vanille, Abrieb oder Mark

LAUCHÖL:

50 g Lauch, das Grüne
200 ml Sonnenblumenöl
1 Prise Salz

KABELJAU:

2–4 Stück Kabeljaufilet, nach Geschmack
6 Butterflocken
1 Zitrone, Saft
Salz
Pfeffer
Madras-Curry

Etwas Petersilie

Orangen-Vanille-Soße: Butter in einem Topf aufschäumen. Zwiebeln, Kurkuma und Ingwer darin glasig anschwitzen. Fenchel, Pastinaken, Karotten und Petersilie dazugeben und 5 Minuten weitergaren, ohne anzubraten. Mit Weißwein, Noilly Prat und Wasser aufgießen. Etwas einkochen lassen. Orangensaft, Korianderkörner, Lorbeerblätter und Senf dazugeben und ca. 15 Minuten köcheln lassen. Soßenansatz durch ein Sieb in einen zweiten Topf abseihen, dabei das Gemüse gut ausdrücken. Zusammen mit Crème fraîche, Garam Masala und Curry aufkochen. Mit Honig, Salz und Zucker abschmecken. Die Soße nicht mehr köcheln lassen. Kalte Butter einrühren und damit binden. Mit Vanilleabrieb oder Vanillemark die Soße abschmecken.

Lauchöl: Den gewaschenen Lauch klein schneiden und in einen Topf füllen. Öl und Salz dazugeben und kurz auf ca. 85 °C erhitzen. Mit einem Pürierstab oder einem Mixer fein pürieren. Öl durch ein feines Sieb abgießen. Das Öl kann man gut aufbewahren und auch wunderbar für andere Gerichte verwenden.

Kabeljau: Auf flache Teller Butterflocken verstreichen. Den Kabeljau mit Zitronensaft marinieren. Mit Salz, Pfeffer und Madras-Curry würzen. Auf die gebutterten, tiefen Teller legen. Jeweils 1–2 Butterflocken auf einem Fischfilet platzieren. Mit einer Frischhaltefolie den Teller jeweils komplett verschließen und straff ziehen. Im vorgeheizten Backofen bei 85 °C ca. 15–20 Minuten garziehen lassen, je nach Dicke des Filets. Der Fisch sollte innen noch glasig sein.

Anrichten: Etwas Erbsenpüree auf einen Teller streichen. Ein Stück Bratkartoffelstrudel und ein Fischfilet dazulegen. Mit der aufgeschäumten Orangensoße umgießen. Mit ein paar Tropfen Lauchöl den Teller ausgarnieren. Mit gehackter Petersilie bestreuen.

PETERSILIENSTRUDEL

Schwarzwurzeln / Rote-Bete-Soße / Staudenselleriesalat

PETERSILIENSTRUDEL:

300 g Petersilienwurzeln, gewürfelt
1 TL Zucker, 1 TL Salz
50 ml Wasser
1 Ei, 1 Eiweiß, 50 g Schmand
30 g Petersilie inkl. Stängel
4 EL Semmelbrösel, gehäuft
120 g Erbsen
Salz, Pfeffer
4–5 Schwarzwurzeln
etwas Zitronensaft, 1 EL Zucker
1 EL Salz, 1 Karotte, groß
Strudelteig (siehe Seite 12) oder gekauften Strudelteig aus Kühlregal
1 Eigelb, 50 g Butter
Sesamkörner zum Bestreuen
Die Masse ergibt ca. 7–8 Stücke

ROTE-BETE-SOSSE:

30 g Butter
80 g Zwiebeln, klein geschnitten
500 g Rote Bete, gegart, geviertelt
500 ml Rote-Bete-Saft
1 TL Korianderkörner, ½ TL Kümmel
4 Lorbeerblätter, Salz, Pfeffer, Zucker

STAUDENSELLERIESALAT:

Staudenselleriestangen nach Wahl
Salz, Zucker, Zitronensaft
Olivenöl

Petersilienstrudel: Petersilienwurzeln mit Zucker und Salz vermengen, 5 Minuten ziehen lassen. Mit 50 ml Wasser in einem Topf aufkochen und mit einem Deckel verschließen. Bei mittlerer Stufe ca. 4–5 Minuten köcheln lassen. In einem Mixer zusammen mit dem Ei, Eiweiß, Schmand und der Petersilie fein pürieren. Zum Schluss die Semmelbrösel und Erbsen untermischen. Mit Salz und Pfeffer abschmecken, kühl stellen. Die Schwarzwurzeln schälen und in Zitronenwasser legen, Zucker und Salz dazugeben und ca. 10–15 Minuten köcheln lassen. Die Karotte in schmale, lange Stifte schneiden. Strudelteig oder 3–4 Blätter gekauften Teig übereinanderlegen und jeweils mit flüssiger Butter bestreichen. Die Hälfte der Petersilienmasse auf dem vorderen Drittel verteilen. Zum Strudelrand hin ca. 2–3 cm frei lassen. Die Schwarzwurzeln längs nebeneinander auf die Petersilienmasse legen. Dazwischen die Karottenstifte platzieren. Die restliche Petersilienmasse über die Schwarzwurzeln gleichmäßig verstreichen. Die Seiten des Strudelteiges einschlagen und den Teig fast ganz aufrollen. Das Endstück mit etwas Eigelb bestreichen, bevor die Rolle verschlossen wird.
Die Strudelrolle mit Eigelb und Butter rundum bestreichen und auf ein mit Backpapier belegtes Backblech mit der Nahtseite nach unten legen. Mit Sesamkörnern bestreuen. Den Strudel mehrfach mit einer Nadel einstechen. Im Backofen bei 180 °C Ober-/Unterhitze ca. 30 Minuten backen.

Rote-Bete-Soße: Die Zwiebeln in Butter anschwitzen. Die Rote Bete kurz mitschmoren. Mit Rote-Bete-Saft aufgießen, Gewürze dazugeben und auf die Hälfte einkochen. Lorbeerblätter herausnehmen und alles in einem Mixer fein pürieren und abschmecken.

Staudenselleriesalat: Geschnittenen Sellerie mit Salz und Zucker leicht marinieren. Mit wenig Zitronensaft und Olivenöl abschmecken.

Eventuell noch etwas Joghurt mit Salz und Zitrone vermengen und wie auf dem Bild anrichten.

GIERSCHSTRUDEL

Karottenpüree / Egerlinge / Mairübchen

Giersch kennt man als Unkraut. Dabei schmecken die Blätter nicht nur köstlich, sie enthalten viele Vitamine und Mineralien, so zum Beispiel viermal so viel Vitamin C wie Zitronen. Er ist also auch Superfood und in Kombination mit den Pilzen, Karotten, Petersilienwurzeln und Mairübchen eine kleine kulinarische Offenbarung. Strudelglück pur. Wenn Sie keine Mairübchen bekommen, wäre Kohlrabi ein würdiger Ersatz. Guten Appetit!

GIERSCHSTRUDEL:

30 g Butter
100 g Zwiebel, klein geschnitten
10 g Knoblauch, klein gehackt
5 g Ingwer, klein gehackt
200 g Gierschblätter, jung
120 g Knödelbrot
200 g Crème fraîche, mit Kräutern
4 Eier, 50 g Parmesan, 50 g Gouda, alt
100 g Egerlinge, klein geschnitten
50 g Sonnenblumenkerne, geröstet
Salz, Pfeffer, 50 g Butter, flüssig
Strudelteig (siehe Seite 12) oder
gekaufte Strudel- bzw. Filoteigblätter
Masse für 6–8 Stücke

KAROTTENPÜREE:

300 g Karotten, klein gewürfelt
100 g Petersilienwurzeln,
klein gewürfelt
Salz, Zucker, Pfeffer
150 ml Orangensaft
100 ml Wasser, 40 g Butter
150 g Zwiebeln, klein geschnitten
5 g Knoblauch, klein geschnitten
1 Kurkumawurzel, klein, geschnitten
10 g Ingwer, klein geschnitten

MAIRÜBCHEN:

Mairübchen oder Kohlrabi,
klein geschnitten
Salz, Zucker, Pfeffer
etwas Wasser
Crème fraîche, mit Kräutern
etwas Schmand, etwas Estragon

Gierschstrudel: Butter in einer Pfanne aufschäumen, Zwiebeln, Knoblauch und Ingwer darin anschwitzen. Den Giersch dazugeben und zusammenfallen lassen (ähnlich wie bei Spinat). Alles auf einem Schneidebrett klein hacken. Die Masse in eine Schüssel füllen. Knödelbrot, Crème fraîche, 3 Eier und 1 Eiweiß untermischen. Das Eigelb zur Seite stellen. Parmesan und Gouda reiben, zusammen mit den Egerlingen und den klein gehackten Sonnenblumenkernen unterheben. Alles mit Salz und Pfeffer würzig abschmecken. Den Strudelteig auf einem mehlierten Tuch ausziehen oder 3–4 gekaufte Teigblätter mit Butter bestreichen und übereinanderlegen. Die Füllung darauf verteilen. Dabei rundum zum Rand hin ca. 3–4 cm frei lassen. Die Seiten des Strudelteiges einschlagen und den Teig fast ganz aufrollen. Das Endstück mit etwas Eigelb bestreichen, bevor die Rolle verschlossen wird. Den Strudel rundum mit Eigelb und Butter bestreichen und auf ein mit Backpapier belegtes Backblech mit der Nahtseite nach unten legen. Mit einer Nadel den Strudel mehrfach einstechen, damit Feuchtigkeit beim Backen entweichen kann. Im Backofen bei 180 °C Ober-/Unterhitze ca. 30 Minuten backen, bis er goldgelb ist.

Karottenpüree: Karotten und Petersilienwurzeln in einen Topf füllen. Mit etwas Salz und Zucker marinieren. 10 Minuten stehen lassen. Orangensaft und Wasser dazugeben und bei geschlossenem Deckel ca. 7 Minuten köcheln lassen. Butter in einer Pfanne aufschäumen, Zwiebeln, Knoblauch, Ingwer und Kurkuma darin anschwitzen. Jetzt den Topfinhalt in die Pfanne umschütten und für ein paar Minuten schmoren lassen. Die Karotten sollten weich sein. Alles in einen Mixer geben und zusammen fein pürieren.

Mairübchen: Die Mairübchen in einen Topf füllen. Mit Salz und Zucker marinieren. Ein paar Minuten stehen lassen. Ca. 50–100 ml Wasser dazu füllen und aufkochen. Deckel auf den Topf setzen und bei mittlerer Temperatur ca. 5 Minuten köcheln lassen. Crème fraîche und Schmand unter das Gemüse rühren. Kleingeschnittenen Estragon unterheben und abschmecken.

Anrichten: Strudelstücke auf einen Teller legen. Karottenpüree verstreichen. Die Mairübchen anrichten und gegebenenfalls mit Salz, Pfeffer und gewürztem Milchschaum (Milch mit etwas Salz heiß aufschäumen) garnieren.

KÜRBIS-MANGO-STRUDEL

Entenbrust / Kräuterseitlinge / Sellerie-Orangen-Soße

Wenn im Herbst die ersten Kürbisse reif sind, ist es Zeit für ein Strudelvergnügen der Extraklasse: Kürbisstrudel. Diese Strudelvariante wird verfeinert mit Mango und Ziegenfrischkäse, was für Fruchtigkeit und eine raffinierte Würze sorgt. Eine rosa gebratene Entenbrust und ein leicht säuerlich-fruchtiges Orangensößchen, das mit Sellerie aromatisiert wird, runden das Gericht ab. Dazu noch glasierte Lauchzwiebeln, Kräuterseitlinge und angebratene Kürbiswürfel, und schon ist man dem Strudelglück ziemlich nahe.

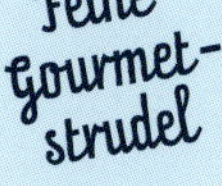

KÜRBIS-MANGO-STRUDEL:

600 g Hokkaidokürbis, gerieben
Salz
Zucker
35 g Lauch, das Grüne, fein gewürfelt
8 g Salbei, fein gehackt
30 g Butter
80 g Zwiebelwürfel, klein gehackt
2 Knoblauchzehen, fein gewürfelt
40 g Ziegenfrischkäse
1 Ei
60 g Semmelbrösel
300 g Mango, in Würfel geschnitten
Salz
Pfeffer
Piment d'Espelette
Curry, Zimt
Etwas Zitronensaft
Strudelteig (siehe Seite 12) oder gekaufte Strudel- bzw. Filoteigblätter aus dem Kühlregal
Flüssige Butter
1 Eigelb
ergibt etwa 6–8 Stücke

LAUCHSTANGEN UND KÜRBISWÜRFEL:

Frühlingslauchstangen, in ca. 6–8 cm große Stücke geschnitten
Kürbiswürfel, ca. 5 mm klein
Mengen nach Geschmack
1 EL Butter
Salz, Zucker

Kürbis-Mango-Strudel: Den geriebenen Kürbis in einer Schüssel gut mit Salz und Zucker marinieren. 15 Minuten stehen lassen und ausdrücken. Die Flüssigkeit wegschütten. Den Lauch und den Salbei unter die Kürbismasse mischen. Die Butter in einer Pfanne aufschäumen. Zwiebeln und Knoblauch in der Butter goldgelb anschwitzen. Die Kürbismasse in die Pfanne geben und für ca. 5 Minuten mitschmoren. Den Ziegenfrischkäse unterrühren.

Den Kürbis in eine Schüssel umfüllen und abkühlen lassen. Das Ei und die Semmelbrösel unter die Kürbismasse mischen. Die Mangowürfel unterheben. Mit Salz, Pfeffer, Piment d'Espelette, Curry, Zimt und einem guten Spritzer Zitronensaft würzig abschmecken. Die Masse abkühlen lassen.

Strudelteig auf einem mehlierten Tuch ausziehen oder 3–4 gekaufte Teigblätter mit Butter bestreichen und übereinanderlegen. Die Strudelmasse auf der vorderen Hälfte des Strudelteiges verteilen. Dabei rundum zum Rand hin ca. 3 cm frei lassen. Die Seiten des Strudelteiges einschlagen und den Teig fast ganz aufrollen. Das Endstück mit etwas Eigelb bestreichen, bevor die Rolle verschlossen wird. Das Eigelb wirkt wie ein Kleber. Den Strudel rundum mit Eigelb und Butter bestreichen und auf ein mit Backpapier belegtes Backblech mit der Nahtseite nach unten legen. Mit einer Nadel den Strudel mehrfach einstechen, damit Feuchtigkeit beim Backen entweichen kann. Im Backofen bei 180 °C Ober-/Unterhitze ca. 30 Minuten backen, bis er goldgelb ist. Aus dem Ofen nehmen, etwas abkühlen lassen.

Lauchstangen und Kürbiswürfel: Die Frühlingslauchstangen und die Kürbiswürfel in eine kleine Pfanne legen und mit etwas Wasser auffüllen. Die Lauchstangen ein paar Minuten darin köcheln lassen. Das Wasser abgießen, Butter in die Pfanne geben und aufschäumen lassen.
Mit Salz und Zucker würzen. Lauchstangen und Kürbiswürfel in der Butter für ein paar Minuten glasieren, bis die Kürbiswürfel weich sind.

ENTENBRÜSTE:

Barbarie-Entenbrüste, weiblich
Menge nach Geschmack
Salz, Zucker, Pfeffer

SELLERIE-ORANGEN-SOSSE:

100 g Sellerie, klein geschnitten
Salz, Zucker
40 g Butter
100 g Zwiebeln, klein geschnitten
2 Knoblauchzehen, klein geschnitten
50 g Lauch, das Weiße
5 g Kurkumawurzel, klein geschnitten
80 g Pastinaken, klein geschnitten
50 g Karotten, klein geschnitten
150 ml Weißwein
200 ml Wasser
6 Wacholderbeeren, angedrückt
1 TL Koriandersamen
2 Lorbeerblätter
1 EL Vadouvan („Altes Gewürzamt")
500 ml Orangensaft
2 Stängel Rosmarin
100 g Steinpilze, frisch
oder 10 g, getrocknet
1 EL Crème fraîche
Salz
Pfeffer
Zucker

LAUCHÖL:

50 g Lauch, das Grüne
200 ml Sonnenblumenöl
1 Prise Salz

KRÄUTERSEITLINGE:

1 EL Butter
Kräuterseitlinge, längs halbiert,
Menge nach Geschmack
Salzflocken

Entenbrüste: Silberhaut von den Entenbrüsten entfernen. Mit Salz, Zucker und Pfeffer von beiden Seiten würzen. Die Haut kreuzförmig einschneiden und mit der Hautseite nach unten, ohne Zugabe von Öl, in eine kalte Pfanne legen und auf die Herdplatte stellen. Den Ofen auf mittlere Hitze einstellen. Dabei brät das Entenfett unter der Haut langsam aus. Die Haut bekommt eine schöne Farbe und wird richtig kross. Aus der Pfanne nehmen und im vorgeheizten Backofen auf einem Gitter bei 100–130 °C langsam auf eine Temperatur von ca. 65 °C bringen (am besten mit einem Bratenthermometer messen). Die Pfanne nicht reinigen. Das Entenfett in der Pfanne belassen. Dieses wird für die Soße gebraucht.

Sellerie-Orangen-Soße: Sellerie in eine Schüssel füllen und mit Salz und Zucker würzen. In der Entenfett-Pfanne die Butter aufschäumen. Zwiebeln, Knoblauch und Lauch darin goldgelb anschwitzen. Kurkuma, Pastinaken, Karotten für 10 Minuten mitschmoren lassen. Mit Weißwein und Wasser aufgießen. Wacholderbeeren, Koriandersamen, Lorbeerblätter und Vadouvan in den Soßenansatz geben und auf die Hälfte der Flüssigkeit reduzieren. Mit Orangensaft aufgießen. Rosmarin und Steinpilze dazugeben und einkochen. Den Soßenansatz durch ein Sieb in einen anderen Topf gießen und das Gemüse mit einem Soßenschöpfer gut ausdrücken. Es sollen sich ca. 350 ml Flüssigkeit ergeben. Jetzt Sellerie und Crème fraîche zum Soßenansatz hinzufügen und ca. 5 Minuten leicht köcheln lassen. Alles zusammen in einen Mixer füllen und fein pürieren. Zurück in den Topf geben und mit Salz, Pfeffer und Zucker abschmecken.

Lauchöl: Den gewaschenen Lauch klein schneiden und in einen Topf füllen. Öl und Salz dazugeben und kurz auf ca. 85 °C erhitzen. Mit einem Pürierstab oder einem Mixer fein pürieren. Öl durch ein feines Sieb abgießen. Das Öl kann man gut aufbewahren und auch wunderbar für andere Gerichte verwenden.

Kräuterseitlinge: Die Butter in einer Pfanne aufschäumen.
Die Kräuterseitlinge darin anbraten und mit Salz würzen.

Anrichten: 1 oder 2 Stücke Kürbis-Mango-Strudel auf einen Teller anrichten. Ein halbe Entenbrust und die Kräuterseitlinge dazulegen und mit Soße umgießen. Die Entenbrust mit Salzflocken bestreuen. Lauchstangen und Kürbiswürfel verteilen und mit ein paar Tropfen Lauchöl garnieren.

ZUCCHINI-NUSS-STRUDEL

Limetten-Sauerrahm-Dip

Schnelle Genießer-strudel

ZUCCHINI-NUSS-STRUDEL:

500 g Zucchini
1 EL Zucker, 1 EL Salz
30 g Butter, 60 g Egerlinge
150 g Lauch, fein gehackt
1 Knoblauchzehe, fein gehackt
150 g Ricotta
2 Eier, 1 Eiweiß
1 EL gehackte Thymianblätter
30 g Petersilie, fein gehackt
100 g Nüsse (Peka, Mandeln, Cashew)
100 g Käse, Appenzeller, klein gehackt
100 g Paprika, rot, klein gehackt
5 EL Semmelbrösel
1 TL Pfeffer, schwarz
Strudelteig (siehe Seite 12) oder gekaufte Strudel- o. Filoteigblätter
50 g Butter, flüssig
1 Eigelb
Die Masse ergibt 2 Strudel mit ca. 8 Stücken

LIMETTEN-SAUERRAHM-DIP:

100 g Ricotta
50 g saure Sahne
150 g Naturjoghurt
1 Limette, klein, Abrieb, Saft
Salz, Pfeffer, Zucker

Zucchini-Nuss-Strudel: Die Zucchini in kleine Würfel schneiden und in eine Schüssel füllen. Mit Zucker und Salz marinieren und stehen lassen. Butter in einer Pfanne aufschäumen und Egerlinge, Lauch und Knoblauch darin farblos anschwitzen. Zu den Zucchini-Würfeln geben und vermengen. Ebenso den Ricotta, die beiden Eier, Eiweiß, Thymian und Petersilie unterheben. Die Nüsse in einer Pfanne ohne Fett bei mittlerer Hitze rösten, bis diese zu duften beginnen. Auf einem Schneidebrett klein hacken und zur Zucchinimasse geben. Den Käse, die Paprikawürfel und die Semmelbrösel ebenso mit der Zuchinimasse vermengen. Mit Pfeffer abschmecken.

Strudelteig auf einem mehlierten Tuch ausziehen oder 3–4 gekaufte Teigblätter mit Butter bestreichen und übereinanderlegen. Die Strudelmasse auf der vorderen Hälfte des Strudelteiges verteilen. Dabei zum Rand hin ca. 3 cm frei lassen. Die Seiten des Strudelteiges einschlagen und den Teig fast ganz aufrollen. Das Endstück mit etwas Eigelb bestreichen, bevor die Rolle verschlossen wird. Das Eigelb wirkt wie ein Kleber. Den Strudel rundum mit Eigelb und Butter bestreichen und auf ein mit Backpapier belegtes Backblech mit der Nahtseite nach unten legen. Mit einer Nadel den Strudel mehrfach einstechen, damit Feuchtigkeit beim Backen entweichen kann. Im Backofen bei 180 °C Ober-/Unterhitze ca. 30 Minuten backen, bis er goldgelb ist. Aus dem Ofen nehmen, etwas abkühlen lassen.

Limetten-Sauerrahm-Dip: Ricotta, saure Sahne und Naturjoghurt miteinander vermengen. Abrieb und Saft der Limette dazugeben. Mit Salz, Pfeffer und Zucker würzig abschmecken.

AUBERGINENSTRUDEL

Pulpo / Bohnenpüree / Tomatensoße / Artischocken

Feine Gourmet-strudel

Ölige, nach nichts schmeckende Auberginen hat jeder schon mal probiert. Sie mag niemand! Wie bekommt man Auberginen so hin, dass sie richtig gut schmecken und nicht so ölig sind? Wir haben hier eine Auberginen-Strudelvariante entwickelt, die genau das bietet. Der Strudel schmeckt aromatisch, ist geschmacksintensiv, es wird relativ wenig Öl verwendet und er ist richtig lecker! Zum Strudel passen zum Beispiel ein Bohnenpüree, eine leicht scharfe Tomatensoße mit Kreuzkümmel und, wer mag, Artischocken. Und nicht zu vergessen – gegrillter oder gebratener Pulpo. Guten Appetit!

AUBERGINENSTRUDEL:
1 kg Auberginen
Salz
etwas Zucker
Olivenöl

50 g Misopaste, hell
40 ml Mirin (Süßwein)
2 EL Palmzucker
oder brauner Zucker
1 EL Honig
1 EL Sojasoße
1 EL Kejap Manis
1 EL Sesam, weiß
1 EL Sesamöl
1 große Knoblauchzehe, gehackt
etwas Ingwer
60 g Tomaten, getrocknet, in Würfel geschnitten
Salz, Zucker, Pfeffer
2 EL Olivenöl
300 g Zwiebeln, rot, in Scheiben geschnitten
1–2 EL Palmzucker
2 EL Balsamico, rot
Strudelteig (siehe Seite 12) oder gekaufte Strudel- bzw. Filoteigblätter aus dem Kühlregal
1 Ei
50 g Butter, flüssig
Sesam zum Bestreuen
Ergibt 2 Strudel mit ca. 8 Stücken

Auberginenstrudel: Die Auberginen in ca. 1 cm dicke Scheiben schneiden, salzen und zuckern. Die Scheiben in eine Schüssel legen und ca. 15 Minuten ziehen lassen. Etwas Olivenöl in einer Pfanne erhitzen und darin die Auberginenscheiben richtig scharf anbraten. Die Scheiben dürfen ruhig gut angebraten sein, sollen aber nicht verbrennen. Immer wieder etwas Olivenöl in die Pfanne füllen und die restlichen Scheiben darin braten. Die angebratenen Auberginen auf ein geöltes Backblech legen. Den Grill auf ca. 230 °C vorheizen.

Misopaste, Mirin, Palmzucker, Honig, Sojasoße, Kejap Manis, Sesam, Sesamöl, Knoblauch und Ingwer miteinander verrühren und über den Auberginenscheiben gleichmäßig verteilen. Das Backblech für ca. 5–7 Minuten ins Backrohr auf der obersten Stufe schieben und die Flüssigkeit leicht karamellisieren lassen. Das Blech aus dem Ofen holen, Auberginen in eine Schüssel umfüllen, die getrockneten Tomaten in kleine Würfel schneiden, unterheben und abkühlen lassen. Mit Salz, Zucker und Pfeffer abschmecken.

Olivenöl in einer Pfanne erhitzen. Die Zwiebeln darin gut anbraten. Mit Zucker bestreuen und die Zwiebeln karamellisieren lassen. Mit Balsamico ablöschen. Die Zwiebelmasse unter die Auberginen mischen und abkühlen lassen.

Strudelteig auf einem mehlierten Tuch ausziehen oder 3–4 gekaufte Teigblätter mit Butter bestreichen und übereinanderlegen. Die Strudelmasse auf der vorderen Hälfte des Strudelteiges verteilen. Dabei rundum zum Rand hin ca. 3 cm frei lassen. Die Seiten des Strudelteiges einschlagen und den Teig fast ganz aufrollen. Das Endstück mit etwas Eigelb bestreichen, bevor die Rolle verschlossen wird. Das Eigelb wirkt wie ein Kleber. Den Strudel rundum mit Eigelb und Butter bestreichen und auf ein mit Backpapier belegtes Backblech mit der Nahtseite nach unten legen. Mit einer Nadel den Strudel mehrfach einstechen, damit Feuchtigkeit beim Backen entweichen kann. Mit Sesam bestreuen. Im Backofen bei 180 °C Ober-/Unterhitze ca. 30 Minuten backen, bis er goldgelb ist. Aus dem Ofen nehmen, etwas abkühlen lassen.

WEISSES BOHNENPÜREE:

250 g Bohnen, getrocknet, weiß
4 EL Olivenöl
100 g Zwiebeln, klein geschnitten
1 Knoblauchzehe, klein gehackt
1 Scheibe Ingwer
700 ml Gemüsefond
(siehe Seite 29)
3 Lorbeerblätter
1–2 Kafirlimettenblätter
2 EL Tahin (weißes Sesammus)
50 ml Olivenöl
Salz
Zucker
Pfeffer
Kreuzkümmel, gemahlen

TOMATENSOSSE:

5 große Strauchtomaten
2 EL Olivenöl
100 g Zwiebeln
2 Knoblauchzehen
100–150 ml Gemüsefond (siehe Seite 29)
2 Lorbeerblätter
etwas Kreuzkümmel, gemahlen
etwas Frühlingslauch, fein geschnitten
Salz, Pfeffer
etwas Piment d'Espelette

JUNGE ARTISCHOCKEN:

junge Artischocken,
Menge nach Belieben
½ Zitrone, Saft, Wasser
3 EL Olivenöl
1 EL Butter
1–2 Schalotten, klein geschnitten
1 Knoblauchzehe, klein geschnitten
etwas Rosmarin, Oregano und Thymian
Salz
Pfeffer

PULPO:

3 EL Olivenöl
1 EL Butter
1 Knoblauchzehe, klein geschnitten
Salz, Pfeffer
Pulpo-Arme, vorgekocht,
Menge nach Belieben

Weißes Bohnenpüree: Die Bohnen über Nacht in reichlich Wasser einweichen. Olivenöl in einem Topf erhitzen. Zwiebeln, Knoblauch und Ingwer darin anschwitzen. Die abgetropften Bohnen ebenfalls ein paar Minuten darin anschwitzen. Mit Gemüsefond aufgießen. Lorbeerblätter und Kafirlimettenblätter dazugeben und ca. 1 Stunde ohne Deckel köcheln lassen. Die Flüssigkeit soll etwas einkochen. Nach 1 Stunde die Lorbeer- und Kafirlimettenblätter entfernen. Alles in einen Mixer füllen, Tahin und Olivenöl dazugeben und zusammen fein pürieren. Mit Salz, Zucker, Pfeffer und Kreuzkümmel abschmecken.

Tomatensoße: Die Strauchtomaten vierteln und den Strunk entfernen. 3 Tomaten aushöhlen und das Fruchtfleisch in Würfel schneiden und zur Seite stellen. Die restlichen 2 Tomaten in Scheiben schneiden. Olivenöl in einem Topf erhitzen. Zwiebeln und Knoblauch darin anbraten, die Tomatenscheiben dazugeben. Alles zusammen schmoren lassen und mit Gemüsefond aufgießen. Ca. 10 Minuten köcheln lassen. Alles in einen Mixer füllen und fein pürieren. Durch ein Sieb zurück in den Topf streichen. Lorbeerblätter und Tomatenwürfel hinzufügen und alles zusammen köcheln lassen. Mit Kreuzkümmel, Frühlingslauch, Salz, Pfeffer und Piment d'Espelette würzig abschmecken. Die Lorbeerblätter entfernen.

Junge Artischocken: Die Artischocken zum Braten vorbereiten. Dazu das obere Drittel der Artischocke sowie alle äußeren, harten Blätter sauber abschneiden. Den Stängel auf ca. 3–4 cm kürzen und dünn schälen. Die Artischocken längs halbieren, und falls vorhanden, das „Heu" auf dem Artischockenboden herauskratzen. Die Hälften nochmals teilen und sofort in Zitronenwasser legen, damit sie sich nicht verfärben. Olivenöl und Butter in einer Pfanne erhitzen und die abgetropften Artischockenviertel zusammen mit Schalotten und Knoblauch braten. Die Kräuter dazugeben und fertig braten. Mit Salz und Pfeffer würzen.

Pulpo: Das Olivenöl und die Butter in einer Pfanne aufschäumen, Knoblauch dazugeben. Die Pulpo-Arme salzen und pfeffern, hineinlegen und braten.

Anrichten: Ein Stück Auberginenstrudel auf den Teller setzen. Etwas Bohnenpüree anrichten. Artischocken und Tomatensoße rundum verteilen.

GEMÜSE-LACHS-STRUDEL

Schmorgurken / Meerrettich-Senf-Soße

Schnelle Genießer-strudel

GEMÜSE-LACHS-STRUDEL:

jeweils 60 g, fein gehackt:
Paprika, rot und gelb, Staudensellerie, Fenchel, Kohlrabi, Karotten, Petersilienwurzeln, Tomatenwürfel
100 g Lauch, 15 g Ingwer, 2 Knoblauchzehen, 20 g Dill, 20 g Petersilie
1 EL Zucker, 1 EL Salz, 40 g Butter
150 g Lachs, in Würfel geschnitten
200 ml Weißwein, 100 g Crème fraîche
1 EL Honig, 1 TL Senf, mittelscharf
200 g Räucherlachs, fein gehackt
2 Eier, 1 Eiweiß
6 EL Semmelbrösel, gehäuft
50 g Butter, flüssig, 1 Eigelb
Strudelteig (S. 12) oder Filoteig aus dem Kühlregal, Sesamkörner
Die Masse ergibt ca. 10 Stücke

SCHMORGURKEN:

1 Gurke, geschält, ½ Zwiebel, gehackt
3 EL Olivenöl, 1 EL Honig
je 1 TL mittelscharfer u. süßer Senf
Silberzwiebeln, eingelegt, Salz
etwas Dill, fein gehackt

MEERRETTICH-SENF-SOSSE:

100 g Crème fraîche, 100 g Joghurt
30 g Sahne-Meerrettich, 1 TL Honig
1 TL Senf, 1 TL Kurkuma, Salz, Pfeffer

Gemüse-Lachs-Strudel: Paprika rot und gelb, Staudensellerie, Fenchel, Kohlrabi, Karotten, Petersilienwurzeln, Tomatenwürfel, Lauch, Ingwer, Knoblauch, Dill und Petersilie in eine Schüssel füllen und mit Zucker und Salz 5 Minuten marinieren.
Butter in einer größeren Pfanne aufschäumen und Lachswürfel darin anbraten, das Gemüse dazugeben und kurz anschwitzen. Mit Weißwein aufgießen und komplett einkochen. Crème fraîche, Honig und Senf einrühren und ein paar Minuten ebenfalls einkochen. Masse umfüllen, Räucherlachs untermischen und abkühlen lassen. 2 Eier, 1 Eiweiß und Semmelbrösel unterheben.
Strudelteig auf einem mehlierten Tuch ausziehen oder 3–4 gekaufte Teigblätter mit Butter bestreichen und übereinanderlegen. Füllung auf den Strudelblättern verteilen. Die Ränder ca. 2–3 cm frei lassen. Die Seiten des Strudelteiges einschlagen und fast ganz aufrollen. Das Endstück mit etwas Eigelb bestreichen, bevor die Rolle verschlossen wird. Die Strudelrolle rundum mit Eigelb und Butter bestreichen und auf ein mit Backpapier belegtes Backblech mit der Nahtseite nach unten legen. Mit Sesam bestreuen. Mit einer Nadel mehrmals einstechen, damit Feuchtigkeit beim Backen entweichen kann. Im Backofen bei 180 °C Ober-/Unterhitze ca. 30 Minuten backen.

Schmorgurken: Die Gurke halbieren und das Kerngehäuse herausschaben. In ca. 5 mm breite Streifen schneiden. Die Zwiebelwürfel in Olivenöl glasig anschwitzen, die Gurken dazugeben und ein paar Minuten anschmoren. Honig, Senf und Silberzwiebeln dazugeben, mit Salz würzen und Gurken ein paar Minuten bissfest garen. Dill zum Schluss untermischen und abschmecken.

Meerrettich-Senf-Soße: Alles zusammen verrühren und mit Salz, Pfeffer und Honig würzig abschmecken.

GRÜNER-SPARGEL-STRUDEL

Parmesancreme / Tomatenpesto / Spargelpüree / Rind

Schinken, Frischkäse, geröstete Pinienkerne und Kräuter bilden das aromatische Herz dieses Strudels. Mit etwas Käse bestreut, passen diese Strudel perfekt zu grünem und weißem Spargel. Als Ergänzung dazu empfehlen wir eine würzige Parmesancreme, etwas Tomatenpesto, ein leckeres Spargelpüree und, wer mag, ein Stück gebratenes Rinderfilet. Auf der nächsten Seite finden Sie eine vegetarische Variante mit den gleichen Zutaten. Die Basis dafür ist ein Walnuss-Bergkäse-Strudel. Der Frühling kann so richtig lecker sein!

GRÜNER-SPARGEL-STRUDEL:
grüner Spargel,
Anzahl nach Wunsch
Salz
Zucker
ca. 50 g Pinienkerne
ca. 10 g Schnittlauch
ca. 10 g Salbei
70 g Bergkäse
Schinkenscheiben, nach Anzahl der Spargelstangen
Frischkäse
Strudelteig (siehe Seite 12) oder gekaufte Strudel- bzw. Filoteigblätter aus dem Kühlregal
30 g Butter, flüssig
1 Eigelb

PARMESANCREME:
100 g Parmesan
150 ml Sahne
1 TL Olivenöl, fruchtig, mild
etwas Salz
etwas Zucker
ein paar Spritzer Zitronensaft

Grüner-Spargel-Strudel: Den grünen Spargel im unteren Bereich schälen und die holzigen Enden abschneiden. Die Spargelstangen in einen passenden Topf legen und mit Salz und Zucker bestreuen. Ca. 10 Minuten ziehen lassen. Den Topf mit Wasser füllen und die Stangen darin ca. 2–3 Minuten köcheln lassen. Den Spargel aus dem Wasser nehmen und zur Seite stellen. Pinienkerne in einer Pfanne ohne Fett bei mittlerer Hitze langsam rösten und klein hacken. Schnittlauch und Salbei klein schneiden. Bergkäse klein würfeln. Schinkenscheiben ausziehen und mit Frischkäse bestreichen. Mit Pinienkernen, ein paar Bergkäsewürfeln und Kräutern bestreuen. Jeweils 2 Spargelstangen darauf platzieren und fest einrollen.

Den Strudelteig auf einem mehlierten Tuch auf die Breite der Schinkenrollen zuschneiden und mit Butter bestreichen. Je eine Spargelrolle darauf legen und einrollen. Rundum mit Butter und Eigelb bestreichen und mit der Nahtseite nach unten auf ein mit Backpapier ausgelegtes Backblech legen und mit den restlichen Käsewürfeln bestreuen. Mit den restlichen Spargelrollen ebenso verfahren. Die Strudelstangen bei 180 °C Ober-/Unterhitze ca. 10–15 Minuten backen.

Parmesancreme: Den Parmesan in einem Mixer fein pürieren. Die Sahne leicht erhitzen und in den Mixer füllen. So lange pürieren, bis eine glatte, sämige Creme entstanden ist. Mit Olivenöl, Salz, Zucker und Zitronensaft abschmecken und abkühlen lassen.

SPARGELPÜREE:

200 g Spargel, grün, geschält
Salz
Zucker
100 ml Wasser
3 EL Frischkäse
3 EL Sauerrahm
3 EL Olivenöl
ca. 6 EL Semmelbrösel

TOMATENPESTO:

100 g Tomaten, getrocknet
50 g Pinienkerne
50 g Ziegenkäse
oder Parmesan
4 EL Olivenöl, fruchtig, mild
10 EL Sonnenblumenöl
etwas Salz
1 TL Zucker, je nachdem, wieviel Säure die Tomaten haben

RINDERFILET:

Rinderfiletstücke, ca. 3 cm dick, Anzahl nach Wahl
Salz
Zucker
Pfeffer

Spargelpüree: Den Spargel in einen Topf legen und mit Salz und Zucker bestreuen und 10 Minuten stehen lassen. Das Wasser in den Topf füllen und zusammen mit dem Spargel aufkochen. Einen Deckel auf den Topf legen, die Hitze reduzieren und ca. 4–5 Minuten köcheln lassen. Den Spargel in einen Mixer geben, Frischkäse, Sauerrahm und Olivenöl untermischen und alles fein pürieren. Gegebenenfalls Semmelbrösel dazugeben, damit das Püree eine schöne Konsistenz bekommt. Achtung: Die Semmelbrösel ziehen nach.

Tomatenpesto: Die getrockneten Tomaten, die Pinienkerne, den Ziegenkäse oder Parmesan und die Öle in einen Mixer geben und pürieren. Mit Salz und Zucker abschmecken.

Rinderfilet: Die Rinderfiletstücke auf beiden Seiten mit Salz und Zucker würzen. In einer heißen Pfanne rundum kurz anbraten. Aus der Pfanne nehmen und im Backofen bei ca. 100 °C je nach gewünschtem Garpunkt fertigstellen. Die Kerntemperatur soll zwischen 55 und 58 °C liegen, wenn Sie es medium mögen. Bei medium rare (blutig) liegt die Temperatur bei 38-55 °C. Am besten misst man die Temperatur mit einem Fleischthermometer, das man ins Fleisch steckt. Sobald das Fleisch aus dem Backofen kommt, noch ein paar Minuten ruhen lassen und dann pfeffern.

Anrichten: Die Spargelstrudel und das Fleisch auf einen Teller legen. Spargelpüree und Tomatenpesto dazugeben und mit Parmesancreme ausgarnieren.

WALNUSS-BERGKÄSE-STRUDEL

Parmesancreme / Tomatenpesto / Spargelpüree / Spargel

Dieser Walnuss-Bergkäse-Strudel passt hervorragend als vegetarische Variante zum grünen Spargel. Die Beilagen sind die gleichen wie beim „Grüner-Spargel-Strudel".

Feine Gourmet-strudel

WALNUSS-BERGKÄSE-STRUDEL:

100 g Walnüsse
40 g Sonnenblumenkerne
20 g Semmelbrösel
40 g Bergkäse, würzig
(zusätzlich 10–20 g Bergkäse zum Bestreuen der Strudel)
20 g Parmesan
2 Eier, 50 g Frischkäse
2 EL saure Sahne
Schnittlauch, nach Geschmack
Salbei, nach Geschmack
50 g Butter, flüssig
Strudelteig (siehe Seite 12) oder gekaufte Strudel- bzw. Filoteigblätter aus dem Kühlregal
Masse für ca. 5 Portionsstrudel

Walnuss-Bergkäse-Strudel: Die Walnüsse in einer Pfanne ohne Fett langsam rösten, ebenso die Sonnenblumenkerne und die Semmelbrösel. Die Walnüsse klein hacken. Die Sonnenblumenkerne, 40 g Bergkäse, den Parmesan und die Semmelbrösel in einen Mixer geben und fein pürieren. Alles in eine Schüssel füllen und durchmischen. Ein Ei trennen und das Eigelb zur Seite stellen. Das Eiweiß, ein ganzes Ei, den Frischkäse und die saure Sahne untermischen. Schnittlauch und Salbei klein hacken, ebenfalls unterheben und die Strudelmasse würzig abschmecken.

Strudelteig auf einem mehlierten Tuch ausziehen oder 1–2 gekaufte Teigblätter auf die gewünschte Größe (ca. 20 x 30 cm) zuschneiden, mit Butter bestreichen und übereinanderlegen. Strudelfüllung auf dem vorderen Drittel verteilen. Ca. 2–3 cm zu den Rändern hin frei lassen. Die Ränder nach innen einschlagen und den Strudel fast komplett aufrollen. Das Endstück mit Eigelb bestreichen. Es wirkt wie ein Kleber. Rundum mit Butter und Eigelb bestreichen. Mit Bergkäse bestreuen. Mit der Nahtseite nach unten auf ein mit Backpapier belegtes Backblech legen. Die Strudel bei 180 °C Ober-/Unterhitze ca. 15–20 Minuten backen.

SPECKWURST-GEMÜSE-STRUDEL

Lauchpüree / Pilze / Honig-Sauerkraut-Soße

Feine Gourmet-strudel

Der Speckwurststrudel ist ein Klassiker der Strudelküche. Wir peppen ihn etwas auf. Zur Speckwurst kommen Gemüse, Birnen und Äpfel. So schmeckt dieser Klassiker unseres Erachtens viel besser. Dazu tragen auch die begleitenden Komponenten auf dem Teller bei. Für eine feine, ausgewogene Säure sorgt die Honig-Sauerkraut-Soße. Sie passt nicht nur zum Strudel, sondern schmeckt auch zum Lauchpüree und zu den Pilzen. Viel Vergnügen mit diesem Strudel!

SPECKWURST-GEMÜSE-STRUDEL:

200 g Kartoffeln, festkochend
2 EL Öl
100 g Petersilienwurzeln
100 g Karotten
50 g Staudensellerie
100 g Lauch
300 g Äpfel, Granny Smith
150 g Birnen
Salz, Zucker
100 g Zwiebeln
2 Knoblauchzehen
20 g Butter
400 g Speckwurst
5 g Majoran oder Oregano
Salz, Pfeffer
1 Eiweiß, 50 g Semmelbrösel
Strudelteig (siehe Seite 12) oder gekaufte Strudel- oder Filoteigblätter
1 Eigelb
50 g Butter, flüssig
Masse für 2 größere Strudel, ca. 10 Stücke

HONIG-SAUERKRAUT-SOSSE:

500 ml Rindssuppe (siehe Seite 25)
130 g Sauerkraut
150 ml Sahne
Akazienhonig nach Geschmack

Speckwurst-Gemüse-Strudel: Die geschälten Kartoffeln in ca. 1 cm große Würfel schneiden und in Öl anbraten.

Petersilienwurzeln, Karotten, Staudensellerie, Lauch, Äpfel und Birnen in kleine Würfel schneiden und in einen Topf füllen. Mit Salz und Zucker ca. 10 Minuten marinieren, bis sich etwas Flüssigkeit bildet. Die Zwiebeln und den Knoblauch klein hacken und in einer Pfanne in Butter anschwitzen. Gemüse und Obst zu den Zwiebeln in die Pfanne geben und ein paar Minuten mitschmoren lassen. Die Speckwurst in ca. 1 cm große Würfel schneiden und ebenfalls in die Pfanne geben. Klein gehackten Majoran oder Oregano untermischen und mit Salz und Pfeffer würzig abschmecken. In eine Schüssel umfüllen und abkühlen lassen. Eiweiß und Semmelbrösel unterheben.

Strudelteig auf einem mehlierten Tuch ausziehen oder 3–4 gekaufte Teigblätter mit Butter bestreichen und übereinanderlegen. Die Strudelmasse auf der vorderen Hälfte des Strudelteiges verteilen. Dabei rundum zum Rand hin ca. 3 cm frei lassen. Die Seiten des Strudelteiges einschlagen und den Teig fast ganz aufrollen. Das Endstück mit etwas Eigelb bestreichen, bevor die Rolle verschlossen wird. Das Eigelb wirkt wie ein Kleber. Den Strudel rundum mit Eigelb und Butter bestreichen und auf ein mit Backpapier belegtes Backblech mit der Nahtseite nach unten legen. Mit einer Nadel den Strudel mehrfach einstechen, damit Feuchtigkeit beim Backen entweichen kann. Im Backofen bei 180 °C Ober-/Unterhitze ca. 30 Minuten backen, bis er goldgelb ist. Aus dem Ofen nehmen, etwas abkühlen lassen.

Honig-Sauerkraut-Soße: Die Rindssuppe auf ca. 350 ml einkochen. Sauerkraut waschen und in die Suppe geben. 5–10 Minuten leicht köcheln lassen. Durch ein Sieb in einen anderen Topf abseihen und mit Sahne auffüllen. So viel Honig einrühren, dass die Soße eine leicht süßliche Note bekommt. Vor dem Servieren die Soße mit einem Pürierstab schaumig aufschlagen.

LAUCHPÜREE:

100 g Lauch, das Weiße
50 g Zwiebeln
50 g Staudensellerie
50 g Butter
100 ml Weißwein
300 g Lauch, das Grüne
Salz
Zucker
Pfeffer
eventuell etwas Semmelbrösel

PILZE:

Kräuterseitlinge, Egerlinge
oder Austernpilze nach Geschmack
etwas Butter
Salz
Pfeffer
eventuell etwas Schnittlauch,
Majoran oder Oregano

Lauchpüree: Das Weiße vom Lauch, die Zwiebeln und den Staudensellerie klein schneiden und in aufgeschäumter Butter bei mittlerer Hitze glasig anschwitzen, ohne zu bräunen. Mit Weißwein auffüllen und komplett einkochen lassen. Das Grüne vom Lauch klein schneiden, in einen Topf füllen und mit Salz und Zucker marinieren. Ein paar Minuten stehen lassen. Mit 100 ml Wasser aufgießen und bei geschlossenem Deckel ca. 5 Minuten köcheln lassen, bis der Lauch gar ist. Weißen und grünen Lauch in einen Mixer füllen und fein pürieren. Mit Salz, Zucker und Pfeffer abschmecken. Wenn das Püree zu weich ist, Semmelbrösel unterrühren, um eine bessere Konsistenz zu erreichen. Achtung: Die Semmelbrösel ziehen nach.

Pilze: Pilze in Butter anbraten und würzen.

Anrichten: 1 oder 2 Stücke Strudel auf einen Teller legen. Links und rechts davon je einen Klecks Lauchpüree verstreichen und mit den Pilzen anrichten. Mit aufgeschäumter Soße umgießen. Falls vorhanden, mit etwas Schnittlauch, Majoran oder Oregano ausgarnieren.

Schnelle Genießer-strudel

PIZZASTRUDEL

Basilikumpesto

PIZZATEIG:
200 ml Wasser, lauwarm
21 g Frischhefe
400 g Mehl, 3 EL Olivenöl
1 Prise Salz
30 g Butter, 1 Eigelb
Die Masse ergibt ca. 7 Stücke

Füllung:
150 g Dosentomaten, stückig
2 TL Tomatenmark
1 Knoblauchzehe, fein gehackt
Salz, Pfeffer, Zucker
150 g Schinken, 150 g Salami
40 g Champignons, gehobelt
50 g rote Zwiebel, gehobelt
150 g Büffelmozzarella
6 EL Kräuter, gehackt
(z. B. Oregano, Rosmarin, Petersilie, Salbei)
3 EL Basilikumpesto, 100 g Gouda

BASILIKUMPESTO:
40 g Pinienkerne
50 g Basilikumblätter
70 g Parmesan, 1 Knoblauchzehe
½ TL Salz
120 ml Olivenöl, fruchtig
½ Limette, Saft und Abrieb
1 Prise Zucker

Pizzateig: Das Wasser in eine Tasse füllen und die Hefe darin auflösen. Das Mehl in eine Schüssel sieben, in die Mitte eine Mulde drücken und das Hefewasser und 2 EL Olivenöl langsam zugießen. Mit der Hand oder einer Küchenmaschine verkneten, eine Prise Salz zufügen und so lange weiterkneten, bis ein zäher, glatter Teig entsteht. Eine Kugel formen. Eine Schüssel mit etwas Olivenöl auspinseln und den Teig hineinlegen, abdecken und an einem warmen Ort ca. 45 Minuten gehen lassen. Der Teig sollte sein Volumen verdoppeln.

Die Dosentomaten mit dem Tomatenmark vermengen, den Knoblauch dazugeben, mit Salz, Pfeffer und Zucker würzig abschmecken. Den Mozzarella würfeln.

Etwas Mehl auf die Arbeitsfläche streuen und den Pizzateig zu einem Rechteck von ca. 50 x 40 cm ausrollen. Die Tomatensoße auf dem Teig verstreichen, die Ränder ca. 4–5 cm frei lassen. Darauf gewürfelten Schinken, Salami, Champignons, Zwiebel, Büffelmozzarella, Kräuter, Pesto und die Hälfte des Goudas verteilen. Die Ränder des Strudelteiges einschlagen und den Teig zu einer Rolle formen. Das Endstück mit etwas Eigelb bestreichen, bevor die Rolle verschlossen wird. Rundum mit Eigelb und Butter bestreichen und auf ein mit Backpapier belegtes Backblech mit der Nahtseite nach unten legen.

Im Backofen bei 200 °C Ober-/Unterhitze ca. 30 Minuten backen. Nach ca. 10 Minuten Backzeit den restlichen Gouda auf der Strudelrolle verteilen und fertigbacken.

Basilikumpesto: Die Pinienkerne in einer Pfanne leicht rösten. Zusammen mit allen anderen Zutaten in einem Mixer pürieren.

Anrichten: Strudelstücke mit einem Basilikumpesto-Klecks anrichten und, falls vorhanden, mit ein paar Tomatenstückchen garnieren.

ROTE-BETE-STRUDEL

Steinbutt / Spinat / Zwiebel-Kürbis-Püree Meerrettichsoße / karamellisierter Kümmel

Rote Bete gehört mittlerweile zu unseren Lieblingsgemüsen. An unserer idealen Zubereitungsform haben wir lange gearbeitet. Wir haben sie immer wieder verändert und optimiert. In dieses Strudelrezept ist viel davon eingeflossen. Als angemessene Begleiter kommen Steinbutt, Spinat, Kürbis, Meerrettich und karamellisierter Kümmel auf den Teller. Wir finden, dieses Gericht ist schon etwas Besonderes und kann gut und gerne bei festlichen Anlässen serviert werden. Guten Appetit!

ROTE-BETE-STRUDEL:

500 g Rote Bete, gekocht
50 g Butter
100 g Zwiebeln, klein gewürfelt
10 g Knoblauch, fein gehackt
½ TL Dillsamen
½ TL Kümmel
1 EL Fenchelkörner
½ l Rote-Bete-Saft
10 g Salbei, fein gehackt
5 g Rosmarin, fein gehackt
10 g Schnittlauch, fein gehackt
1 EL Sesamöl, geröstet
40 g Parmesan
3 Eier
50–70 g Semmelbrösel
150 g Ziegenfrischkäse
Salz, Pfeffer
50 g Butter, flüssig
Strudelteig (siehe Seite 12)
oder gekaufte Strudel-
bzw. Filoteigblätter a. d. Kühlregal
Masse für ca. 8 Stücke

MEERRETTICHSOSSE:

15 g Butter
35 g Zwiebeln
100 ml Noilly Prat
100 ml Weißwein
200 ml Sahne
1–2 TL Dijon-Senf
4 TL Sahnemeerrettich

Rote-Bete-Strudel: Rote Bete in kleine Würfel schneiden. Butter in einer Pfanne aufschäumen. Die Zwiebeln und den Knoblauch darin anschwitzen. Dillsamen, Kümmel und Fenchelkörner unterrühren. Die Rote-Bete-Würfel zu den Zwiebeln geben. Alles zusammen für 5–10 Minuten schmoren lassen. Mit Rote-Bete-Saft aufgießen und die Flüssigkeit auf 2/3 der Menge reduzieren. Die Kräuter, das Sesamöl und den Parmesan untermischen und kurz durchschwenken. Alles in eine Schüssel füllen und etwas abkühlen lassen.

Ein Ei trennen, davon das Eiweiß und 2 Eier unter die Strudelmasse mischen. Das Eigelb wird zum Bestreichen des Strudels benötigt. Die Semmelbrösel und den Ziegenfrischkäse mit der Masse vermengen, bis ein homogener Teig entstanden ist. Mit Salz und Pfeffer würzen.

Strudelteig auf einem mehlierten Tuch ausziehen oder 3–4 gekaufte Teigblätter mit Butter bestreichen und übereinanderlegen. Rote-Bete-Masse auf dem vorderen Drittel verteilen. Die Ränder jeweils ca. 3 cm frei lassen. Die Seiten des Strudelteiges einschlagen und den Teig fast ganz aufrollen. Das Endstück mit etwas Eigelb bestreichen, bevor die Rolle verschlossen wird. Den Strudel rundum mit Eigelb und Butter bestreichen und auf ein mit Backpapier belegtes Backblech mit der Nahtseite nach unten legen. Mit einer Nadel den Strudel mehrfach einstechen, damit Feuchtigkeit beim Backen entweichen kann. Im Backofen bei 180 °C Ober-/Unterhitze ca. 30 Minuten backen, bis er goldgelb ist. Aus dem Ofen nehmen, etwas abkühlen lassen.

Meerrettichsoße: Die Butter in einer Pfanne aufschäumen. Die Zwiebeln darin glasig anschwitzen. Mit Noilly Prat und Weißwein aufgießen und auf die Hälfte einkochen lassen. Sahne und Senf dazugeben. Weiter einkochen lassen und die Soße durch ein Sieb abseihen. Sahnemeerrettich einrühren und würzig abschmecken.

ZWIEBEL-KÜRBIS-PÜREE:

450 g Zwiebeln, weiß, klein geschnitten
etwas Butter
150 g Butternutkürbis
etwas Salz
1 EL Zucker
150 ml Wasser
1 Lorbeerblatt
1 Zweig Rosmarin
3 Blätter Salbei
etwas Liebstöckel
½ Zitrone, Saft
1 EL Crème fraîche
15 g Butter
1–4 EL Semmelbrösel
Piment d'Espelette
1 EL Noilly Prat

SPINAT:

30 g Butter
60 g Zwiebeln
10 g Knoblauch
250 g Spinat
1 EL Crème fraîche
Salz
Pfeffer
Muskat
Curry

STEINBUTT:

Steinbutt oder anderer Plattfisch, Menge nach Wahl
Salz
Zucker
Butter oder Olivenöl
Pfeffer

KARAMELLISIERTER KÜMMEL:

½ EL Kümmel
1–2 EL Zucker

Zwiebel-Kürbis-Püree: Geschälte Zwiebeln einzeln mit etwas Butter in Alufolie wickeln und bei 180 °C im Backofen ca. 1,5 Stunden garen. Aus dem Ofen nehmen, entpacken und in einen Mixer legen. Kürbis in kleine Würfel schneiden und in einen Topf füllen. Mit Salz und Zucker marinieren, 10 Minuten ziehen lassen. Mit 150 ml Wasser aufgießen, Lorbeer, Rosmarin, Salbei, Liebstöckel und Zitronensaft dazugeben und 15 Minuten leicht köcheln lassen. Die Masse durch ein Sieb abtropfen lassen, die Kräuter herausnehmen. Die Flüssigkeit auffangen und auf ca. 50 ml einkochen. Zusammen mit dem abgetropften Kürbis, der Crème fraîche und der Butter zu den Zwiebeln geben. Alles fein pürieren. Falls die Masse zu flüssig ist, mit Semmelbröseln binden. Mit Piment d'Espelette und Noilly Prat würzen und nochmals abschmecken.

Spinat: Die Butter in einer Pfanne aufschäumen. Zwiebeln und Knoblauch darin anschwitzen. Spinat auf zweimal dazugeben und zusammenfallen lassen. Crème fraîche einrühren und kurz köcheln lassen. Mit Salz, Pfeffer, Muskat und Curry abschmecken.

Steinbutt: Den Steinbutt mit Salz und Zucker würzen. Butter in einer Pfanne aufschäumen und den Steinbutt darin braten. Mit Pfeffer würzen. (Alternativ kann man auch einen anderen Plattfisch wählen.)

Karamellisierter Kümmel: Den Kümmel in einer Pfanne ohne Fett bei mittlerer Temperatur kurz rösten. Die Temperatur erhöhen, den Zucker zufügen und karamellisieren lassen. Auf einem Backpapier abkühlen lassen und mit einem Messer hacken.

Anrichten: Strudelstücke zusammen mit dem Spinat anrichten. Etwas Zwiebel-Kürbis-Püree und den Fisch dazugeben. Meerrettichsoße angießen und mit dem karamellisierten Kümmel garnieren.

ROSENKOHL-STRUDELMUFFINS

Cranberries / Walnüsse / Apfelsalat / Schmand

ROSENKOHL-STRUDELMUFFINS:

1 EL Butter
300 g Rosenkohl, geviertelt
100 g Zwiebeln, rot, klein gehackt
2 Knoblauchzehen, klein gehackt
300 g Kartoffeln, geschält, gekocht
2 Eier, 100 g Sauerrahm
100 g Bergkäse, gerieben
50 g Parmesan, gerieben
40 g Cranberries, klein gehackt
2 EL Essig, 30 g Butter
75 g Walnüsse, 10 g Petersilie
5 g Schnittlauch, 5 g Thymian
Salz, Pfeffer, Muskat
1 TL Korianderkörner, geschrotet
Zucker, etwas Gouda, geraspelt
optional: Speckwürfel oder Chorizzo
Filoblätter aus dem Kühlregal
Butter zum Einfetten der Förmchen
Masse für ca. 12–15 Muffins

APFEL-KÄSE-SALAT:

50 ml Traubenkernöl
60 ml Balsamico, weiß
etwas Zucker, Salz, 1 EL Senf
Pfeffer, 1 TL Salz
1–2 säuerliche Äpfel
etwas Gouda oder Bergkäse
Salat nach Wahl

Rosenkohl-Strudelmuffins: Die Butter in einer Pfanne aufschäumen. Den Rosenkohl für ein paar Minuten darin leicht anbraten. Die Zwiebeln und den Knoblauch dazugeben und mitbraten. Aus der Pfanne nehmen und abkühlen lassen. Die Kartoffeln durch eine Kartoffelpresse drücken. Eier, Sauerrahm, Bergkäse, Parmesan, Cranberries und Essig untermischen. Die Butter in einem kleinen Topf so lange erhitzen, bis sie nussig riecht. Die Walnüsse in einer Pfanne bei mittlerer Hitze rösten und klein hacken. Butter und Walnüsse unter die Kartoffelmasse mischen. Petersilie, Schnittlauch und Thymian fein hacken und ebenfalls untermischen. Zum Schluss den abgekühlten Rosenkohl mit der Masse vermengen. Mit Salz, Pfeffer, Muskat, geschroteten Korianderkörnern und Zucker abschmecken. Wer mag, kann auch Speckwürfel oder Chorizzowürfel unter die Masse mischen.

Den Backofen auf 180 °C Ober-/Unterhitze vorheizen. Muffin- oder Souffle-Förmchen mit Butter ausstreichen.

Die Filoblätter quadratisch zuschneiden auf eine Seitenlänge von ca. 20 cm. Je zwei Yufkablätter übereinander legen und in eine gebutterte Form drücken. Die Förmchen auf einem Backblech ca. 4 Minuten im Backofen backen. Danach herausholen und die Yufkablätter mit der Rosenkohlmasse füllen. Die gefüllten Formen mit etwas Gouda bestreuen und wieder für ca. 15 Minuten in den Backofen stellen und fertig backen. Nach dem Herausnehmen etwas abkühlen lassen

Apfel-Käse-Salat: Für das Dressing Öl, Essig und Gewürze verrühren. Den Apfel entkernen und in feine Scheibchen schneiden. Den Käse fein würfeln und zusammen mit den Apfelscheibchen in der Salatsoße ziehen lassen.

Sauerrahmsößchen: Etwas Sauerrahm, Essig, Salz, Zucker und wenig Sahne verrühren.

Ein bis zwei Muffins auf einen Teller stellen. Mit Salat und Soße anrichten.

FORELLENSTRUDEL

Schmorgurken / Petersilienwurzelpüree / Rote Bete

Dieser Strudel besticht durch seine Leichtigkeit. Forelle und Lachsforelle sind die Hauptdarsteller, verpackt und geschützt durch den Strudelteig. Dazu kommen einige Begleiter, die diese Aromen perfekt ergänzen: Petersilienwurzelpüree und eine Soße aus Blattpetersilie (passt übrigens zu vielen Fischgerichten), Senfschmorgurken, Rote Bete und, last but not least, ein Meerrettichschaum. Ob das schon echte Strudellust ist – ja, und wie!

Feine Gourmet-strudel

FORELLENSTRUDEL:

300 g Lachsforellenfilet mit Haut
400 g Forellenfilet mit Haut (die abgezogenen Fischhäute für die Soße aufbewahren)
Salz, Zucker, Pfeffer, Kurkuma
etwas Zitronenabrieb
250 ml Sahne
5 g Estragon, klein gehackt
30 g Karottenwürfel, klein gehackt
10 g Lauch, das Grüne, klein gehackt
200 g Spinatblätter oder Mangoldblätter, frisch
Strudelteig (siehe Seite 12) oder gekaufte Strudel- bzw. Filoteigblätter
1 Eigelb
50 g Butter, flüssig
Masse für ca. 6–7 Stücke

PETERSILIENWURZEL-PÜREE:

500 g Petersilienwurzeln, klein geschnitten
150 g Lauch, das Weiße, klein geschnitten
10 g Salz
10 g Zucker
150 ml Wasser
40 g Butter
ggf. Semmelbrösel

Forellenstrudel: Die sehr kalten Fischfilets von der Haut schneiden und beides aufbewahren. Die Lachsforelle mit Salz, Zucker und Pfeffer würzen. Auf eine Frischhaltefolie legen und streng einrollen. Die Rolle für ½ Stunde ins Gefrierfach legen. Das kalte Forellenfilet mit Salz, Zucker, Pfeffer und Kurkuma würzen, klein schneiden und in einen Mixer füllen. Zitronenabrieb und ¼ der Sahne dazugeben und fein pürieren, damit eine Bindung entsteht. Jetzt den Rest der Sahne zuschütten und weiter pürieren, bis eine feine, leicht glänzende Bindung entstanden ist. Estragon, Karotten und Lauch unter die Fischfarce rühren und kalt stellen.

Strudelteig auf einem mehlierten Tuch ausziehen oder 3–4 gekaufte Teigblätter mit Butter bestreichen und übereinanderlegen. Spinatblätter oder Mangoldblätter überlappend auf dem Strudelteig verteilen. Alles soll damit bedeckt sein, rundum ca. 3 cm frei lassen. Auf den Spinat oder Mangold die Fischmasse gleichmäßig verteilen und glatt streichen. Die Lachsforellenrolle aus dem Gefrierschrank holen, aus der Folie wickeln und in die Mitte des Strudels legen. Die Seiten des Strudelteiges einschlagen und den Teig fast ganz aufrollen. Das Endstück mit etwas Eigelb bestreichen, bevor die Rolle verschlossen wird. Das Eigelb wirkt wie ein Kleber. Den Strudel rundum mit Eigelb und Butter bestreichen und auf ein mit Backpapier belegtes Backblech mit der Nahtseite nach unten legen. Mit einer Nadel den Strudel mehrfach einstechen, damit Feuchtigkeit beim Backen entweichen kann. Im Backofen bei 180 °C Ober-/Unterhitze ca. 30 Minuten backen, bis er goldgelb ist.

Petersilienwurzelpüree: Petersilienwurzeln und Lauch in einen Topf füllen und mit Salz und Zucker ca. 10 Minuten marinieren. Dann das Wasser zu den Würfeln in den Topf gießen und aufkochen. Die Hitze etwas reduzieren und bei geschlossenem Deckel ca. 5–8 Minuten köcheln lassen. Immer wieder mal umrühren. Die Butter separat erhitzen, bis sie nussig riecht. Alles zusammen in einem Mixer fein pürieren. Mit Salz und Zucker abschmecken. Falls das Püree zu flüssig sein sollte, ein wenig Semmelbrösel zur Bindung dazugeben. Achtung: Die Semmelbrösel ziehen nach.

PETERSILIENSOSSE:

Schritt 1:
die Fischhäute von der Strudelfüllung
50 g Karotten, klein geschnitten
50 g Lauch, klein geschnitten
50 g Egerlinge, klein geschnitten
100 g Petersilienwurzeln, klein geschnitten
1 TL Korianderkörner
1 TL Dillsamen
1 Scheibe Zitrone
40 g Tomaten
10 g Ingwer
1 Knoblauchzehe
Salz, Zucker
500 ml Wasser

Schritt 2:
20 g Butter
80 g Zwiebeln, klein geschnitten
30 g Lauch
200 ml Weißwein
150 ml Noilly Prat
250 ml Fischfond (aus Schritt 1)
150 ml Sahne
40 g Blattpetersilie
Salz, Zucker, Pfeffer

SCHMORGURKEN:

20 g Butter
80 g Lauch, fein gewürfelt
400 g Gurken, in ca. 1 cm große Würfel geschnitten
50 ml Wasser
1 EL Maille Dijon-Senf Originale
1 EL Maille-Dijon-Senf à l'Ancienne, grob
1–2 EL milder Honig, nach Geschmack
Salz
etwas Dill

ROTE BETE:

200 g Rote Bete, gekocht
½ EL Kümmel, gemahlen
1–2 EL Zucker
Salz, Pfeffer

MEERRETTICHSCHAUM:

200 ml Milch
1 Prise Salz
1 EL Sahnemeerrettich

Petersiliensoße:
Schritt 1: Alle Zutaten in einen Topf füllen. Mit Salz und Zucker marinieren und ein paar Minuten stehen lassen. Mit Wasser auffüllen und ca. 45 Minuten mit geschlossenem Deckel leicht köcheln lassen. Die letzten 15 Minuten den Deckel abnehmen. Die Flüssigkeit in einen anderen Topf abseihen und das Gemüse mit einem Schöpflöffel gut im Sieb ausdrücken. Es sollten ca. 250 ml Flüssigkeit übrig bleiben.

Schritt 2: Die Butter in einer Pfanne aufschäumen. Zwiebeln und Lauch darin anschwitzen. Mit Weißwein und Noilly Prat aufgießen und auf die Hälfte der Flüssigkeit einkochen. Fischfond dazugeben und ebenfalls etwas einkochen. Mit Sahne aufgießen, ein paar Minuten köcheln lassen und zusammen mit der Petersilie in einen Mixer füllen und fein pürieren. Mit Salz, Zucker und Pfeffer abschmecken.

Schmorgurken: Die Butter in einer Pfanne aufschäumen. Den Lauch darin anschwitzen. Die Gurkenwürfel in die Pfanne geben und für ein paar Minuten mitschmoren lassen. Wasser dazu schütten und etwas einkochen. Die beiden Senfsorten und den Honig einrühren. Mit Salz abschmecken und zum Schluss etwas klein geschnittenen Dill darüber streuen. Die Gurkenwürfel sollten noch Biss haben.

Rote Bete: Die gekochte Rote Bete in kleine Würfel schneiden und mit Kümmel, Zucker, Salz und Pfeffer würzen.

Meerrettichschaum: Milch erhitzen bis kurz vor dem Siedepunkt. Salz und Meerrettich hineingeben und mit dem Pürierstab aufschäumen.

Anrichten: Strudel auf einen Teller legen. Petersilienpüree aufstreichen. Schmorgurken und Rote Bete anrichten. Soße dazugeben und etwas Meerrettichschaum über das Gericht träufeln.

MARONEN-PILZ-STRUDEL

Preiselbeercreme / Schmandsoße / Salat

Schnelle Genießer-strudel

MARONEN-PILZ-STRUDEL:

ca. 500 g Maronen, geröstet
(oder vorgegart/Supermarkt)
100 g Walnüsse, geröstet
10 Steinpilze, getrocknet, gemahlen
80 g Semmelbrösel
30 g Petersilie, fein geschnitten
5 g Thymian, fein gehackt
30 g Schnittlauch, fein geschnitten
80 g Tomaten, getrocknet, gehackt
30 g Parmesan, gerieben
10 g Knoblauch, fein gehackt
4 Eier, 1 Eiweiß, 250 g Ricotta
1 EL Senf, süß, 30 g Butter
130 g Zwiebeln, fein gehackt
400 g Pilze (Austernseitlinge, Shiitakepilze, Egerlinge)
Salz, Pfeffer, Zucker, Zitronenabrieb
Strudelteig (siehe Seite 12)
oder gekaufter Strudelteig
1 Eigelb, 50 g Butter, Sesam

PREISELBEERCREME:

4 EL Wildpreiselbeer-Marmelade
4 EL Crème fraîche, 4 EL Sahne
etwas Thymian, Salz, ggf. Honig

SCHMANDSOSSE:

200 g Schmand, 100 ml Sahne
Zitronensaft, Salz, Honig

Maronen-Pilz-Strudel: Die Maronen und Walnüsse fein hacken. Zusammen mit Steinpilzmehl, Semmelbröseln, Petersilie, Thymian, Schnittlauch, Tomaten, Parmesan, Knoblauch, Eiern, Eiweiß, Ricotta und Senf in einer Schüssel vermengen. Die Butter in einer Pfanne aufschäumen, die Zwiebeln und die Pilze darin anbraten, salzen und pfeffern. Ebenfalls mit der Strudelmasse vermengen. Mit Salz, Pfeffer, etwas Zucker und Zitronenabrieb würzig abschmecken.

Strudelteig auf einem mehlierten Tuch ausziehen oder 3–4 gekaufte Teigblätter mit Butter bestreichen und übereinanderlegen. Strudelmasse auf dem Strudelteig verteilen. Die Ränder ca. 2–3 cm frei lassen. Die Seiten des Strudelteiges einschlagen und den Teig fast ganz aufrollen. Das Endstück mit etwas Eigelb bestreichen, bevor die Rolle verschlossen wird. Das Eigelb wirkt wie ein Kleber. Den Strudel rundum mit Eigelb und Butter bestreichen und auf ein mit Backpapier belegtes Backblech mit der Nahtseite nach unten legen. Mit einer Nadel den Strudel mehrfach einstechen, damit Feuchtigkeit beim Backen entweichen kann. Im Backofen bei 180 °C Ober-/Unterhitze ca. 30 Minuten goldgelb backen.

Preiselbeercreme: Alle Zutaten miteinander verrühren und abschmecken.

Schmandsoße: Alle Zutaten miteinander verrühren und abschmecken.

Salatsoße: 2 EL Senf, mittelscharf, 2 EL Zucker, 2–3 EL Essig, 4 EL Wasser, 4 EL Leindotteröl oder Olivenöl, Salz, Pfeffer und 2 EL Sonnenblumenöl miteinander verrühren und einen Salat nach Wahl damit marinieren.

Anrichten: Die Strudelstücke mit den Soßen und einem Salat nach Wahl separat in einer Schüssel anrichten.

TRAUMHAFT SÜSSE STRUDEL

NUSS-KOKOS-STRUDEL

Erdbeersmoothie / Aprikosensoße / Mascarponecreme / Bananen-Schoko-Eis / Früchte

Mit Ahornsirup, Zimt und Vanille marinierte und geröstete Walnüsse, Haselnüsse, Mandeln und geröstete Kokosflocken verströmen einen bezaubernden Duft. Sie sind das Herzstück dieses Granola-Strudels. Ganz wunderbar dazu passen ein fruchtig-frischer Erdbeersmoothie, eine Aprikosensoße, die aus getrockneten Aprikosen und Sekt gemacht wird, und die mega-leckere Mascarponecreme. Als krönende Ergänzung kommt noch ein Bananen-Schoko-Eis dazu. Garniert mit ein paar Früchten, ist man dann dem siebten Strudelhimmel schon ziemlich nah – Strudellust, die kaum zu steigern ist!

NUSS-KOKOS-STRUDEL:

100 g Walnüsse
100 g Haselnüsse, geschält
70 g Mandeln, geschält
50 g Sonnenblumenkerne
50 g Ahornsirup
30 g Butter, flüssig
etwas Zimt nach Geschmack
40 g Zucker
1 EL Vanilleextrakt
150 g Kokosraspeln
100 g Quark
100 g Mascarpone
1–2 EL Rum
1 EL Marsala
2 Eier
Strudelteig (siehe Seite 12)
oder gekaufte Strudel- bzw. Filoteigblätter
50 g Butter, flüssig
Masse für 2 Strudel (ca. 8 Stücke)

ERDBEERSMOOTHIE:

300 g Erdbeeren
20 g Zucker
1 PK Vanillezucker
50 ml Orangensaft
100 g Honigmelone
50 g Banane
Etwas Zitronensaft

Nuss-Kokos-Strudel: Backofen auf 180 °C vorheizen. Walnüsse, Haselnüsse, Mandeln und Sonnenblumenkerne klein hacken und in eine Schüssel füllen. Ahornsirup, Butter, Zimt, Zucker und Vanilleextrakt in einem Topf erwärmen und die Nussmischung damit marinieren. Auf ein mit Backpapier belegtes Blech verteilen und im Backofen hellbraun rösten. Die Kokosraspeln separat in einer Pfanne ohne Fett bei mittlerer Temperatur leicht rösten, bis sie zu duften beginnen. In einen Mixer füllen und pürieren. Die Nussmischung aus dem Ofen nehmen und abkühlen lassen. Das Kokosmehl unterheben. Quark, Mascarpone, Rum und Marsala dazugeben. Ein Ei trennen und das Eigelb aufbewahren. Das Eiweiß und das zweite Ei mit der Nussmasse gründlich vermengen.

Strudelteig auf einem mehlierten Tuch ausziehen oder 3–4 gekaufte Teigblätter mit Butter bestreichen und übereinanderlegen. Die Nussmasse auf dem vorderen Drittel verteilen. Die Ränder jeweils ca. 3 cm frei lassen. Die Seiten des Strudelteiges einschlagen und den Teig fast ganz aufrollen. Das Endstück mit etwas Eigelb bestreichen, bevor die Rolle verschlossen wird. Das Eigelb wirkt wie ein Kleber. Den Strudel rundum mit Eigelb und Butter bestreichen und auf ein mit Backpapier belegtes Backblech mit der Nahtseite nach unten legen. Mit einer Nadel den Strudel mehrfach einstechen, damit Feuchtigkeit beim Backen entweichen kann. Im Backofen bei 180 °C Ober-/Unterhitze ca. 30 Minuten backen, bis er goldgelb ist. Aus dem Ofen nehmen, etwas abkühlen lassen.

Erdbeersmoothie: Alle Zutaten in einen Mixer füllen, fein pürieren und durch ein Sieb in eine Schüssel streichen.

APRIKOSENSOSSE:

100 g Honigmelone, klein geschnitten
100 g Aprikosen, getrocknet
3 EL Aprikosenmarmelade
50 ml Sekt oder Prosecco

MASCARPONECREME:

60 g Mascarpone
50 ml Sahne, 1 PK Vanillezucker
ein paar Tropfen Rum

BANANEN-SCHOKO-EIS:

450 g Bananen, geschält
(sie sollen richtig reif sein und bereits braune Stellen an den Schalen haben)
150 ml Orangensaft
300 g Joghurt, griechisch, 10 % Fett
250 ml Sahne, 100 g Zucker
100 g Zartbitterschokolade

AUSSERDEM:

passende Früchte nach Wahl

Aprikosensoße: Die Honigmelone, die getrockneten Aprikosen, die Aprikosenmarmelade und den Sekt zusammen in einen Mixer füllen und fein pürieren.

Mascarponecreme: Den Mascarpone, die Sahne, den Vanillezucker und den Rum miteinander verrühren, bis eine homogene Creme entsteht.

Bananen-Schoko-Eis: Alle Zutaten mit Ausnahme der Schokolade in einen Mixer füllen und fein pürieren. Die Eismasse in eine Eismaschine füllen und zu cremigem Eis rühren. Die Schokolade fein hacken und unter das fertige Eis mischen. Alternativ ein Parfait herstellen. Dazu die Eismasse in einem Gefäß gefrieren lassen. Sobald das Parfait halbfest gefroren ist, die Schokolade damit vermengen und weiter gefrieren lassen.

Anrichten: Etwas vom Erdbeersmoothie und der Aprikosensoße auf dem Teller verteilen. Ein Stück Strudel darauf setzen. Die Früchte verteilen und mit der Mascarponecreme ausgarnieren. Das Bananen-Schoko-Eis separat dazu reichen.

GEFÜLLTE STRUDELBLÄTTER

Diese gefüllten Strudelblätter sind zu jeder Tages- und Nachtzeit eine Sünde wert! Schnell gemacht, sind sie ein optisches Highlight. Man kann sie auch sehr gut mit Blätterteig machen. Die Creme kann man wunderbar vorbereiten. Eigentlich muss man den Teig nur in Form schneiden, mit etwas flüssiger Butter bestreichen, mit Puderzucker bestreuen und im Ofen backen. Früchte, wie zum Beispiel Erdbeeren oder Himbeeren, darauf legen, Creme dazu, fertig. Strudelblätter und Blätterteig müssen nicht gerollt sein, sie schmecken auch so göttlich!

GEFÜLLTE STRUDELBLÄTTER:

100 g Mascarpone
2 PK Vanillezucker
etwas Limettensaft
etwas Limettenabrieb
250 ml Sahne, 1 PK Sahnesteif
60 g Puderzucker
30 g Butter, flüssig
Früchte nach Geschmack
Strudelteig (siehe Seite 12) bzw. schneller Blätterteig (siehe Seite 15) oder gekauft
für ca. 3–4 Portionen

Gefüllte Strudelblätter: Mascarpone, Vanillezucker, Limettensaft und -abrieb miteinander verrühren. Die Sahne mit Sahnesteif und 30 g Puderzucker aufschlagen. Mascarpone und die geschlagene Sahne miteinander verrühren.

Die Strudelblätter oder den Blätterteig in ca. 12 x 7 cm große Rechtecke schneiden. Mit Butter bestreichen und mit Puderzucker bestreuen. Auf ein mit Backpapier belegtes Backblech legen und im vorgeheizten Backofen bei 180 °C Ober-/Unterhitze leicht bräunen und dann abkühlen lassen.

Ein Strudelblatt auf einen Teller legen. Erdbeerstücke darauf legen und dazwischen etwas Mascarponecreme verteilen. Ein weiteres Strudelblatt darauf legen und wieder Erdbeerstücke und Creme verteilen. Mit einem Strudelblatt abschließen und mit Puderzucker bestreuen.

MOHN-BIRNEN-STRUDEL

Lavendeleis / weiße Schokoladensoße

Mohn, Birnen und Quark sind ein kulinarisches Dreamteam und geschmacklich in der Strudel-Champions-League ganz oben angesiedelt. Zwei wunderbare Mitspieler auf dem Teller sind Lavendeleis und weiße Schokoladensoße. Eine Vanillesoße (siehe Seite 111) würde auch passen. Augen zu und genießen! Fluffig, saftig und ungemein aromatisch, nimmt Sie dieser Strudel mit in den Strudelhimmel. Das ist Strudellust, die vielleicht ein Leben lang bleibt :-)

QUARKFÜLLUNG:

500 g Magerquark
3 Eier, 70 g Zucker
1 PK Vanillezucker
1 Prise Salz, 50 g Butter
3 EL Stärke, gehäuft
1 Zitrone, Abrieb

MOHNFÜLLUNG:

350 ml Milch
160 g Mohn, gemahlen
150 g Zucker
1 PK Vanillezucker
1 EL Grieß, 1 EL Stärke, 1 EL Rum
1 Dose Birnen o. 250 g Birnen frisch, geschält und gedünstet
1 Eigelb, 25 g Butter, flüssig
Puderzucker zum Bestäuben
Strudelteig (siehe Seite 12) oder gekaufte Strudel- bzw. Filoteigblätter a. d. Kühlregal
Masse für ca. 6–7 Stücke

LAVENDELEIS:

250 g Heidelbeeren
400 ml Milch
2 PK Vanillezucker
50 g Zucker
250 g Ricotta
½–1 Limette, Abrieb
4–5 EL Lavendelsirup

WEISSE SCHOKOSOSSE:

100 g Kuvertüre, weiß
50 ml Sahne

Quarkfüllung: Den Quark in einem Sieb abtropfen lassen. Die Eier trennen und das Eiweiß mit einer Prise Salz steif aufschlagen. Das Eigelb mit dem Zucker, dem Vanillezucker und der Butter mit einem Handrührgerät schaumig rühren. Den abgetropften Quark, die Stärke und den Zitronenabrieb mit dem aufgeschlagenen Eigelb vermischen. Den Eischnee mit einem Holzlöffel vorsichtig unter die Masse heben.

Mohnfüllung: Die Milch erwärmen und den Mohn unterrühren. Zucker, Vanillezucker, Grieß, Stärke und Rum untermischen und gut mit dem Mohn vermengen. Die Masse abkühlen lassen. Die Birnen in kleine Würfel schneiden und zur abgekühlten Mohnmasse geben.

Den Backofen auf 180 °C Ober-/Unterhitze vorheizen. Strudelteig auf einem mehlierten Tuch ausziehen oder 3–4 gekaufte Teigblätter mit Butter bestreichen und übereinanderlegen. Die Mohn-Birnen-Füllung gleichmäßig darauf verteilen. Rundum ca. 3 cm an den Rändern frei lassen. Jetzt die Quarkmasse nur auf dem vorderen Drittel über der Mohnfüllung auftragen. Die Seiten des Strudelteiges einschlagen und den Teig fast ganz aufrollen. Das Endstück mit etwas Eigelb bestreichen, bevor die Rolle verschlossen wird. Das Eigelb wirkt wie ein Kleber. Den Strudel rundum auch mit Eigelb und Butter bestreichen. Mit Hilfe des Tuches auf ein mit Backpapier belegtes Backblech legen. Die Nahtseite sollte nach Möglichkeit unten sein. Mit einer Nadel den Strudel mehrfach einstechen, damit Feuchtigkeit entweichen kann. Im Backofen bei 180 °C Ober-/Unterhitze ca. 30 Minuten backen, bis er goldgelb ist.

Lavendeleis: Die Heidelbeeren pürieren und durch ein Sieb streichen. Das Heidelbeermark zur Seite stellen. Milch, beide Zuckersorten und Ricotta in einer Schüssel gut verrühren, bis sich der Zucker auflöst. Jetzt Heidelbeermark, Limettenabrieb und Lavendelsirup unterrühren und in einer Eismaschine zu einem cremigen Eis rühren. Alternativ in ein passendes Gefäß umfüllen, über Nacht im Gefrierfach gefrieren und aufgeschnitten als Parfait servieren.

Weiße Schokosoße: Kuvertüre und Sahne in einem Topf bei kleiner Hitze schmelzen und verrühren.

VANILLE-MANDEL-STRUDEL

Erdbeerpüree / Holunderblütensoße / Haselnüsse

Vanille- und Mandelaromen, Quark und ein wenig Rum bilden das Herzstück dieser süßen Köstlichkeit. Dazu passt ganz wunderbar ein Erdbeerpüree , das mit Prosecco und Orangensaft verfeinert wird. Klein geschnittene Erdbeeren und etwas Minze ergänzen das Püree. Ein feines Holunderblütensößchen und geröstete Haselnüsse verleihen der süßen Strudelkreation das gewisse Etwas. Guten Appetit!

VANILLE-MANDEL-STRUDEL:

80 g Mandelblättchen
Haselnusskerne, blanchiert, gehackt
80 g Butterkekse
250 g Quark
1 Eigelb
1 Vanilleschote, Mark
2 PK Vanillezucker
15 g Zucker
etwas Zitronenabrieb
etwas Rum
2 Eiweiß, steif geschlagen
Strudelteig (siehe Seite 12)
oder gekaufte Strudel-
oder Filoteigblätter a. d. Kühlregal
1 Eigelb
50 g Butter, flüssig
Masse für ca. 5 Portionsstrudel

ERDBEERPÜREE:

500 g Erdbeeren
ca. 70 g Zucker
(nach Süße der Erdbeeren)
1 PK Vanillezucker
4 EL Orangensaft
150 ml Prosecco, 1 EL Rum

HOLUNDERBLÜTENSOSSE:

200 g Joghurt, natur
3–5 EL Holunderblütensirup,
nach Geschmack
etwas Milch

AUSSERDEM:

Erdbeeren, Minze

Vanille-Mandel-Strudel: Die Mandelblättchen und die Haselnusskerne jeweils in einer Pfanne ohne Fett bei mittlerer Hitze langsam rösten, bis sie sich leicht bräunlich verfärben und gut duften.

Die Butterkekse zusammen mit den Mandelblättchen in einem Mixer fein pürieren. In eine Schüssel umfüllen und mit Quark, Eigelb und dem Mark der Vanilleschote verrühren. Vanillezucker, Zucker, Zitronenabrieb und Rum dazugeben und vermischen. Das steif geschlagene Eiweiß vorsichtig unterheben und abschmecken.

Strudelteig auf einem mehlierten Tuch ausziehen oder 2 gekaufte Teigblätter im Format von ca. 20 x 25 cm übereinanderlegen und jeweils mit flüssiger Butter bestreichen. Die Strudelmasse auf dem vorderen Teigdrittel verteilen. Die Ränder jeweils ca. 2–3 cm frei lassen. Die Seiten des Strudelteiges nach innen schlagen und den Teig fast ganz aufrollen. Das Endstück mit etwas Eigelb bestreichen, bevor die Rolle verschlossen wird. Das Eigelb wirkt wie ein Kleber. Den Strudel rundum mit Eigelb und Butter bestreichen und auf ein mit Backpapier belegtes Backblech mit der Nahtseite nach unten legen. Mit einer Nadel den Strudel mehrfach einstechen, damit Feuchtigkeit beim Backen entweichen kann. Mit den gerösteten Haselnüssen bestreuen. Im Backofen bei 180 °C Ober-/Unterhitze ca. 30 Minuten backen, bis er goldgelb ist. Aus dem Ofen nehmen, etwas abkühlen lassen.

Erdbeerpüree: Die Erdbeeren pürieren, durch ein Sieb streichen und mit den anderen Zutaten vermischen.

Holunderblütensoße: Den Joghurt mit Holunderblütensirup gut verrühren. Eventuell mit etwas Milch vermischen, bis eine schöne Konsistenz erreicht ist.

Anrichten: Etwas Erdbeerpüree auf dem Teller verteilen. Erdbeeren in Scheiben schneiden. Jeweils einen Strudel halbieren und auf dem Püree anrichten. Erdbeerscheiben rundum legen. Mit Holunderblütensoße umgießen und mit etwas Puderzucker bestreuen. Etwas gehackte Minze darüberstreuen.

MOHN-HEFE-STRUDEL

Vanillesoße

Der Mohn-Hefe-Strudel ist ein Klassiker unter den Strudeln. Statt mit einem gezogenen Strudelteig wird er mit Hefeteig zubereitet. Falls Sie noch keinen Hefeteig zubereitet haben – hier haben Sie eine sichere Variante, die auch Hefeteiganfängern gelingt (siehe Seite 16). Mit seinem feinen Mohnaroma passt dieser Strudel wunderbar zum Nachmittagskaffee oder ist ein kleiner, süßer Snack für zwischendurch. Zuhause machen wir diesen Strudel öfter mal, da er einfach und schnell zuzubereiten ist. Aber das Wichtigste dabei – er schmeckt richtig gut.

MOHNFÜLLUNG:

300 g Mohn, gerieben
200 ml Milch
75 g Butter
85 g Zucker
2 EL Rum

HEFETEIG:

500 g Mehl
42 g Hefe
250 g Milch
60 g Butter
50 g Zucker
1 Ei
1 Prise Salz
etwas Öl
30 g Butter, flüssig
1 Eigelb
Masse für 7–8 Stücke

VANILLESOSSE:

3 Eigelbe
15 g Speisestärke
200 g Sahne
400 g Milch 1,5 % Fettanteil
60 g Zucker
1 Vanilleschote, Mark & Schote

Mohnfüllung: Für die Fülle alle Zutaten mit der Milch kurz in einem Topf unter Rühren aufkochen. Vom Herd nehmen und abkühlen lassen.

Hefeteig: Das Mehl in eine Schüssel sieben und in die Mitte eine Mulde drücken. Die Hefe hineinbröseln. Die Milch mit der Butter und dem Zucker erwärmen und so lange miteinander verrühren, bis sich der Zucker aufgelöst hat und die Butter geschmolzen ist. Das Milchgemisch zum Mehl und zur Hefe geben. Zusammen mit dem Ei und der Prise Salz mit dem Handmixer rasch zu einem Teig verkneten. Mit den Händen etwa 10 Minuten weiterkneten. Eine Schüssel mit Öl auspinseln und den Teig hineinlegen. Zugedeckt an einem warmen Ort ca. 1 Stunde gehen lassen, bis sich das Volumen des Teiges verdoppelt hat (siehe Bilderstrecke Seite 16).

Den gegangenen Teig auf einer bemehlten Arbeitsfläche rechteckig ausrollen. Die Mohnfülle gleichmäßig darauf verteilen. Die Ränder ca. 2–3 cm frei lassen und einschlagen. Den Teig zu einem Strudel rollen. Mit der Naht nach unten auf ein mit Backpapier belegtes Backblech legen, mit einem Tuch abdecken und an einem warmen Ort nochmals ca. 20 Minuten gehen lassen. Den Backofen auf 180 °C Ober-/Unterhitze vorheizen. Den Strudel nach der Gehzeit rundum mit Butter und Eigelb bestreichen und im Backofen ca. 30–40 Minuten goldgelb backen. Vor dem Servieren mit Puderzucker bestreuen.

Vanillesoße: Die Eigelbe mit einem Handmixer aufschlagen, Speisestärke, 30 g Zucker und Sahne dazugeben und so lange rühren, bis eine klümpchenfreie Eiersahne entsteht. Die Milch mit 30 g Zucker, Vanilleschote und Vanillemark einmal aufkochen. Danach die Eiersahne mit dem Schneebesen in die Milch einrühren und so lange weiterrühren, bis die Soße eindickt.

Anrichten: Ein Stück Strudel mit etwas Vanillesoße anrichten.

MILCHREISSTRUDEL

Neue süße Strudel

Schattenmorellen / fruchtiges Kirschsößchen

Eine unserer Lieblingssüßspeisen ist Milchreisauflauf mit Äpfeln oder Kirschen. Das Rezept stammt noch von der Oma und schmeckt einfach göttlich. Sandra meinte, man könnte doch mal versuchen, einen Strudel daraus zu machen. Gesagt, getan – und was dabei Tolles auf den Teller kam, sieht man schon auf dem Foto. In Kombination mit Schattenmorellen und einem fruchtigen Kirschsößchen wahrlich ein Traum!

MILCHREISSTRUDEL:

250 g Schattenmorellen, eingelegt, aus dem Supermarkt
50 g Butter
250 g Milchreis
1 l Milch 3,5 % Fettanteil
1 Prise Salz
1 PK Vanillezucker
½ Vanillestange, Mark
3 Eier
100 g Zucker
1 PK Puddingpulver
Zitronenabrieb
Strudelteig (siehe Seite 12) oder gekaufte Strudel- bzw. Filoteigblätter a. d. Kühlregal
1 Eigelb
25 g Butter, flüssig
Puderzucker zum Bestäuben
Masse für ca. 2 Strudel (ca. 10 Stücke)

FRUCHTIGES KIRSCHSÖSSCHEN:

150 g Schattenmorellen, eingelegt
100 g Joghurt, griechisch, 10 % Fett
2 EL Cassis-Likör
2–3 EL Zucker, nach Geschmack

Milchreisstrudel: Die Schattenmorellen in einem Sieb abtropfen lassen. Den Kirschsaft dabei auffangen. 50 g Butter in einem Topf zerlassen und den Milchreis darin kurz anschwitzen und mit der Milch aufgießen. Eine Prise Salz, Vanillezucker und das Mark der halben Vanilleschote zugeben und den Milchreis unter ständigem Rühren mit der Milch aufkochen. Aufpassen, dass sich am Topfboden nichts ansetzt und anbrennt! Die Temperatur reduzieren und die Masse ca. 30 Minuten leicht weiterköcheln lassen. Zwischendurch immer wieder umrühren. Sobald der Milchreis gar ist, ihn in eine Schüssel umfüllen und abkühlen lassen. In der Zwischenzeit die 3 Eier trennen. Die Eigelbe mit dem Zucker schaumig schlagen und das Puddingpulver und den Zitronenabrieb unterrühren. Die Eiermasse mit dem lauwarmen Milchreis verrühren und wieder in den Topf füllen und einmal kurz aufkochen, bis das Puddingpulver bindet. Zum Abkühlen wieder in eine Schüssel umfüllen. Jetzt das Eiweiß steif schlagen. Sobald das Milchreis-Eier-Gemisch etwas abgekühlt ist, den Eischnee vorsichtig unterheben. Den Backofen auf 180 °C Ober-/Unterhitze vorheizen.

Strudelteig auf einem mehlierten Tuch ausziehen oder 3–4 gekaufte Teigblätter mit Butter bestreichen und übereinanderlegen. Die Strudelmasse auf dem vorderen Drittel verteilen. Mit den abgetropften Kirschen belegen. Die Ränder jeweils ca. 3 cm frei lassen. Die Seiten des Strudelteiges einschlagen und den Teig fast ganz aufrollen. Das Endstück mit etwas Eigelb bestreichen, bevor die Rolle verschlossen wird. Das Eigelb wirkt wie ein Kleber.
Den Strudel rundum mit Eigelb und Butter bestreichen und auf ein mit Backpapier belegtes Backblech mit der Nahtseite nach unten legen. Mit einer Nadel den Strudel mehrfach einstechen, damit Feuchtigkeit beim Backen entweichen kann. Im Backofen bei 180 °C Ober-/Unterhitze ca. 30 Minuten backen, bis er goldgelb ist.
Der Milchreisstrudel schmeckt warm und kalt.

Fruchtiges Kirschsößchen: Alles zusammen in einen Mixer füllen und fein pürieren.

MANDEL-MACADAMIA-STRUDEL

Schoko-Haselnuss-Eis / Rosmarin-Minz-Pesto / Karamellsoße / eingelegte Früchte

Neue süße Strudel

Wer den Geschmack von gerösteten Mandeln mag, ist hier genau richtig. Sie sind das aromatische Herz dieses Strudels. Ergänzt werden die Aromen durch geröstete Macadamianüsse, die perfekt zu den Mandelaromen passen. Dazu empfehlen wir entweder eine Vanillesoße oder eine Karamellsoße. Beide passen perfekt. Als geschmackliche Gegenspieler kommen Birnen, Weintrauben, Mango, Mandarinen und Cranberries ins Spiel, die in Orangensaft und Portwein eingelegt werden. Als kleines Highlight gesellt sich noch ein Rosmarin-Minz-Pesto dazu. Dem Strudelglück steht nichts mehr im Wege.

MANDEL-MACADAMIA-STRUDEL:

200 g Mandelblättchen
3 Eier
50 g Butter, flüssig
2 PK Vanillezucker
50 g Zucker
½ Limette, Abrieb
80 g Marzipan
80 g helle Haselnusscreme (z. B. Cay Gourmet Haselnuss-Milch-Creme)
150 ml Sahne
200 g Brioche oder Milchbrötchen
150 g Macadamianüsse
Strudelteig (siehe Seite 12) oder gekaufte Strudel- bzw. Filoteigblätter aus dem Kühlregal
50 g Butter, flüssig
1 Eigelb
40 g Mandeln, blanchiert, gestiftet
Masse für ca. 5–6 Stücke

KARAMELLSOSSE:

50 ml Wasser
70 g Zucker
150 ml Milch
200 ml Sahne
1 EL Stärke

Mandel-Macadamia-Strudel: Die Mandelblättchen in einer Pfanne ohne Fett bei mittlerer Temperatur goldgelb rösten, danach in einem Mixer fein pürieren. Die Eier trennen. Eigelbe, Butter, Vanillezucker, Zucker und Limettenabrieb mit einem Handrührgerät schaumig rühren. Das Eiweiß separat aufschlagen. Marzipan und Haselnusscreme in der Sahne erwärmen und so lange verrühren, bis sie sich aufgelöst haben. Die Masse zusammen mit den gemahlenen Mandeln unter die Eiermischung geben und alles miteinander vermengen. Jetzt das Eiweiß vorsichtig unterheben. Brioche oder Milchbrötchen in kleine Würfel schneiden und unter die Mandelmasse mischen. ½ Stunde kühl stellen. Die Macadamianüsse in einer Pfanne ohne Fett leicht rösten. Die Nüsse aus der Pfanne nehmen, grob hacken und mit der Mandelmasse vermengen.

Strudelteig auf einem mehlierten Tuch ausziehen oder 3–4 gekaufte Teigblätter mit Butter bestreichen und übereinanderlegen. Die Nussmasse auf dem vorderen Drittel verteilen. Die Ränder jeweils ca. 3 cm frei lassen. Die Seiten des Strudelteiges einschlagen und den Teig fast ganz aufrollen. Das Endstück mit etwas Eigelb bestreichen, bevor die Rolle verschlossen wird. Das Eigelb wirkt wie ein Kleber. Den Strudel rundum mit Eigelb und Butter bestreichen und auf ein mit Backpapier belegtes Backblech mit der Nahtseite nach unten legen. Mit einer Nadel den Strudel mehrfach einstechen, damit Feuchtigkeit beim Backen entweichen kann. Mit den gestifteten Mandeln bestreuen und im Backofen bei 180 °C Ober-/Unterhitze ca. 30 Minuten backen, bis er goldgelb ist. Aus dem Ofen nehmen, etwas abkühlen lassen.

Karamellsoße: Wasser und Zucker in einem Topf so lange einkochen, bis der Zucker bernsteinfarben ist. Mit Milch und Sahne auffüllen, aufkochen lassen und rühren, bis sich der Karamell aufgelöst hat. Mit etwas Stärke zur gewünschten Konsistenz eindicken.

VANILLESOSSE:

3 Eigelbe
15 g Speisestärke
200 g Sahne
400 g Milch 1,5 % Fettanteil
60 g Zucker
1 Vanilleschote, Mark & Schote

EINGELEGTES OBST:

zum Beispiel:
Birnen, Mango, Weintrauben, weiß und rot, Mandarinenspalten,
Cranberries, getrocknet
Orangensaft, etwas Portwein, weiß
Zucker nach Geschmack

SCHOKO-HASELNUSS-EIS:

250 ml Sahne, 250 ml Milch
150 g Haselnusscreme (Cay Gourmet Haselnuss-Milch-Creme)
25 g Zartbitterkuvertüre
1 Prise Zimt, Zucker nach Geschmack

ROSMARIN-MINZ-PESTO:

25 g Rosmarin, 5 g Minze
50 g Mandeln, 40 g Puderzucker
1 ½ Zitronen, Saft
1 Orange, Saft
5 EL Weißwein
1 EL Sonnenblumenöl

Vanillesoße: Die Eigelbe mit einem Handmixer aufschlagen, Speisestärke, 30 g Zucker und Sahne dazugeben und so lange rühren, bis eine klümpchenfreie Eiersahne entsteht. Die Milch mit 30 g Zucker, Vanilleschote und Vanillemark einmal aufkochen. Danach die Eiersahne mit dem Schneebesen in die Milch einrühren und so lange weiterrühren, bis die Soße eindickt.

Eingelegtes Obst: Birnen und Mango in Würfel schneiden. Weintrauben und Mandarinen halbieren oder vierteln. Zusammen mit den Cranberries in eine Schüssel füllen. Mit Orangensaft auffüllen und mit weißem Portwein abschmecken. Zucker nach Geschmack zugeben.

Schoko-Haselnuss-Eis: Sahne und Milch erwärmen. Haselnusscreme, Zartbitterschokolade, Zimt und Zucker in der Sahnemilch schmelzen und verrühren. Flüssigkeit abkühlen lassen, in einer Eismaschine zu cremigem Eis verarbeiten oder die Eismasse über Nacht gefrieren lassen und als Parfait in Scheiben geschnitten servieren.

Rosmarin-Minz-Pesto: Alle Zutaten zusammen in einen Mixer füllen und fein pürieren.

Anrichten: Strudelstücke auf einen Teller legen. Eingelegtes Obst rundum verteilen. Karamell- oder Vanillesoße angießen. Mit Eis und Rosmarin-Minz-Pesto anrichten.

ZIMT-STRUDELSCHNECKEN

Zitronen-Frischkäse-Topping

Klassische süße Strudel

Wenn Sandra überredet werden kann, Zimt-Strudelschnecken zu machen, ist die Vorfreude bei uns groß. Falls es dann die Nachbarn mitbekommen, sind sie von einem Besuch bei uns kaum abzuhalten :-) Man kann die Zimt-Strudelschnecken mit Zitronen-Frischkäse-Topping nur schwer beschreiben. Sobald sie aus dem Ofen kommen, etwas abgekühlt und bestrichen sind, sollte man noch genügend Platz im Magen haben, denn zwei bis drei Schnecken kann man immer vernaschen. Weniger geht kaum. Herzlich willkommen im Strudelhimmel!

ZIMT-STRUDELSCHNECKEN:

500 g Mehl
42 g Hefe
250 g Milch
60 g Butter
50 g Zucker
1 Ei
1 Prise Salz
etwas Öl

Zimtfüllung:

150 g Zucker
100 g Butter, weich
3 TL Zimt
Masse für ca.
8–10 Strudelschnecken

FRISCHKÄSE-TOPPING:

250 g Frischkäse
250 g Puderzucker
125 g Butter, flüssig
2 PK Vanillezucker
Zitronenabrieb,
nach Geschmack

Zimt-Strudelschnecken: Das Mehl in eine Schüssel sieben und in die Mitte eine Mulde drücken. Die Hefe hineinbröseln. Die Milch mit der Butter und dem Zucker erwärmen und so lange miteinander verrühren, bis sich der Zucker aufgelöst hat und die Butter geschmolzen ist. Das Milchgemisch zum Mehl und zur Hefe geben. Zusammen mit dem Ei und einer Prise Salz mit dem Handmixer rasch zu einem Teig verkneten. Mit den Händen etwa 10 Minuten weiterkneten. Eine Schüssel mit Öl auspinseln und den Teig hineinlegen. Zugedeckt an einem warmen Ort 1 Stunde gehen lassen, bis sich das Volumen des Teiges verdoppelt hat (siehe Bilderstrecke Seite 16).

In der Zwischenzeit die Zimtfüllung vorbereiten, dazu alle Zutaten gut miteinander verrühren.

Den Hefeteig auf einer leicht bemehlten Arbeitsfläche zu einem ca. 45 x 40 cm großen Rechteck ausrollen. Den Hefeteig mit der Zimt-Butter-Masse gleichmäßig bestreichen. Den Teig von der längeren Seite her aufrollen und mit einem scharfen Messer in Scheiben von ca. 4–5 cm Breite schneiden. Vorsichtig in eine gefettete Backform oder auf ein mit Backpapier belegtes Backblech legen. Zwischen den Strudelschnecken etwas Platz lassen.

Die Schnecken abgedeckt nochmals ca. 30 Minuten gehen lassen. Den Backofen auf 180 °C Ober- /Unterhitze vorheizen. Nach der Ruhezeit die Schnecken ca. 25 Minuten im Backofen goldbraun backen.

Danach die Schnecken etwas abkühlen lassen und noch warm mit dem Frischkäse-Topping bestreichen.

Frischkäse-Topping: Frischkäse, Puderzucker, Butter, Vanillezucker und Zitronenabrieb mit dem Handrührgerät aufschlagen, bis eine homogene Masse entstanden ist.

HEIDELBEER-TOPFEN-STRUDEL

Vanillesoße / helle & dunkle Blaubeersoße

Neue süße Strudel

Was so banal klingt, führt Sie direkt ins ultimative Strudelglück. Blaubeeren, etwas Zitrone, Quark und Vanille sind eine göttliche Geschmackskombination als Strudelfüllung. Drei Soßen bieten sich dazu an und jede passt wunderbar zum Strudel: eine dunkle und eine helle Heidelbeersoße und natürlich eine Vanillesoße. Mehr braucht es wirklich nicht, um in strudeliger Glückseligkeit aufzugehen.

HEIDELBEER-TOPFEN-STRUDEL:

500 g Topfen oder Magerquark
2 Eier
150 g Zucker
½ Vanilleschote, Mark
1 PK Vanillezucker
1 PK Vanillepuddingpulver
½ Zitrone, Abrieb, Saft
200 g Heidelbeeren
Strudelteig (siehe Seite 12) oder gekaufte Strudel- bzw. Filoteigblätter a. d. Kühlregal
50 g Butter, flüssig
1 Eigelb
Mandelblättchen zum Bestreuen
Masse für ca. 7–8 Stücke

HEIDELBEERSOSSE DUNKEL:

1 EL Speisestärke, gehäuft
200 g Heidelbeeren
200 g Wasser
70 g Zucker
1 PK Vanillezucker
1 Spritzer Zitronensaft

HEIDELBEERSOSSE HELL:

150 ml von der dunklen Heidelbeersoße
3 EL Sauerrahm
2 EL Quark
2 EL Zucker
1 Spritzer Zitronensaft

VANILLESOSSE:

siehe Seite 111

Heidelbeer-Topfen-Strudel: Den Topfen oder Magerquark in einem Sieb über einer Schüssel ca. 2 Stunden abtropfen lassen. Für die Füllung die Eier trennen. Das Eiweiß steif schlagen. Die zwei Eigelbe mit dem Zucker, Vanillemark und Vanillezucker cremig aufschlagen. Den abgetropften Magerquark und das Vanillepuddingpulver zugeben und mit der Eiermasse verrühren. Den Zitronenabrieb und -saft unterrühren. Den Eischnee vorsichtig unterheben. Alles gut vermengen. Den Backofen auf 180 °C Ober-/Unterhitze vorheizen.

Strudelteig auf einem mehlierten Tuch ausziehen oder 3–4 gekaufte Teigblätter mit Butter bestreichen und übereinanderlegen. Die Strudelfüllung auf dem vorderen Drittel verteilen und mit den Heidelbeeren belegen. Die Ränder jeweils ca. 3 cm frei lassen. Die Seiten des Strudelteiges einschlagen und den Teig fast ganz aufrollen. Das Endstück mit etwas Eigelb bestreichen, bevor die Rolle verschlossen wird. Das Eigelb wirkt wie ein Kleber. Den Strudel rundum mit Eigelb und Butter bestreichen und mit Hilfe des Tuches auf ein mit Backpapier belegtes Backblech mit der Nahtseite nach unten legen. Mit einer Nadel den Strudel mehrfach einstechen, damit Feuchtigkeit beim Backen entweichen kann. Mit den Mandelblättchen bestreuen und im Backofen bei 180 °C Ober-/Unterhitze ca. 30 Minuten backen, bis er goldgelb ist. Aus dem Ofen nehmen, etwas abkühlen lassen.

Heidelbeersoße dunkel: 2 EL Wasser in einer Tasse mit Speisestärke glattrühren. Heidelbeeren, Wasser, Zucker, Vanillezucker und Zitronensaft in einen Topf füllen und zum Kochen bringen. Die aufgelöste Speisestärke mit einem Schneebesen unterrühren. Bei mittlerer Temperatur ca. 5 Minuten köcheln lassen. Wer mag, kann die Soße noch pürieren und durch ein Sieb streichen.

Heidelbeersoße hell: Für die helle Soße 150 g der dunklen Heidelbeersoße mit Zucker, Sauerrahm und Quark gleichmäßig verrühren.

Vanillesoße: Zum Heidelbeer-Topfen-Strudel passt auch hervorragend eine Vanillesoße, das Rezept finden Sie auf Seite 111.

MILCHRAHMSTRUDEL

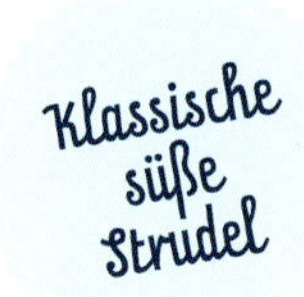

Dazu eine Tasse Kaffee - mehr braucht es nicht

Er zählt definitiv zu unseren Lieblingsstrudeln – einfach in der Herstellung und unglaublich lecker im Geschmack. Diese Mischung aus Quark und Schmand schmeckt himmlisch. Aufgegossen wird der Strudel mit einer gesüßten Eiermilch. Sie kocht beim Backen ein und dabei entstehen die gerösteten Milcharomen, die auf wunderbare Weise den Geschmack der Füllung ergänzen. Eine Tasse Kaffee dazu, mehr braucht es nicht, um dem Strudelhimmel ganz nah zu kommen. Guten Appetit!

BAYERISCHER STRUDEL-ZIEHTEIG:

300 g Mehl Typ 550 (DE), Typ 700 (Ö)
1 EL Öl
1 Prise Salz
1 Ei
125 ml warmes Wasser
etwas Öl
Masse für 7–8 Stücke

STRUDELFÜLLUNG:

3 Eier
1 Prise Salz
55 g Butter
85 g Zucker
350 g Quark, abgetropft
250 g Schmand
25 g Mehl
1 Zitrone, Abrieb
1 PK Vanillezucker
½ Vanilleschote, Mark

MILCHAUFGUSS:

250 ml Milch
2 Eier
20 g Zucker
1 PK Vanillezucker

ZUSÄTZLICH:

Butter für die Auflaufform
Puderzucker

Strudelteig: Das Mehl in eine Schüssel sieben, restliche Zutaten dazugeben und zu einem glatten Teig verarbeiten. Den Teig mit etwas Öl einstreichen, in eine Schüssel legen, mit Klarsichtfolie abdecken und mindestens ½ Stunde ruhen lassen. Je langer, desto besser. Dieser Teig kann auch nicht ganz so dünn verwendet werden (siehe Bilderstrecke Seite 12).

Strudelfüllung: Die Eier trennen und das Eiweiß mit einer Prise Salz steif schlagen. Die restlichen Zutaten mit den Eigelben verrühren und zum Schluss den Eischnee vorsichtig unterheben.

Strudelherstellung: Den Backofen bei 180 °C Ober-/Unterhitze vorheizen. Eine Auflaufform oder eine Reine mit Butter ausstreichen. Den Strudelteig auf einem bemehlten Tuch mit beiden Händen in eine möglichst rechteckige Form ziehen (siehe Seite 13) und in die Auflaufform oder Reine legen. Darin den Strudelteig mit der Topfenmasse füllen.
Die Ränder jeweils ca. 3 cm frei lassen. Die Seitenteile einschlagen und den Teig auf der Längsseite über die Strudelmasse ziehen und gut verschließen. Vorsichtig wenden, damit der Strudel mit der Teignaht nach unten in der Auflaufform liegt. Den Strudel in den Backofen schieben. Jetzt den Milchaufguss vorbereiten.

Milchaufguss: Die Zutaten für den Milchaufguss mit dem Handmixer gut verrühren. Nach 30 Minuten Backzeit den Milchguss über den Strudel gießen und weitere 30 Minuten backen, bis der Strudel durchgegart und der Milchguss gestockt ist und eine schöne Farbe hat. Den Strudel herausnehmen, etwas abkühlen lassen und mit Puderzucker bestreuen.

APRIKOSEN-RAHMSTRUDEL

Aprikosensoße / Fruchtsalat / Rosmarinschaum

Neue süße Strudel

Eine wahrhaft köstliche Süßspeise! Die wunderbar feine Füllung unterstützt den Aprikosengeschmack und harmoniert perfekt mit dem Fruchtsalat. Dazu ein Hauch Rosmarin im Strudel und im Milchschaum. Er passt ganz hervorragend zu den Aprikosen. Ergänzt mit einem fruchtig angemachten Aprikosensößchen, ist das süße Glück perfekt. Süße Strudel sind einfach herrlich und schön anzusehen dazu!

APRIKOSEN-RAHMSTRUDEL:

500 g Milchbrötchen
150 ml Sahne
6 Eier
100 g Butter
2 PK Vanillezucker
100 g Zucker
200 g Sauerrahm
½ Zitrone, Saft und Abrieb
50 ml Marillenbrand
50 g Pankomehl oder Semmelbrösel
600 g Aprikosen
2 EL Zucker
10 g Rosmarin, fein gehackt
etwas Zitronensaft
etwas Puderzucker
Strudelteig (siehe Seite 12) oder gekaufte Strudel- bzw. Filoteigblätter
50 g Butter, flüssig
Masse für 2 Strudel
(ca. 8–10 Stücke)

APRIKOSENSOSSE:

150 g Aprikosen, klein geschnitten
3 EL Yoghurt, Natur, 2 EL Zucker

OBSTSALAT:

Aprikosen, Menge nach Wahl
Weintrauben, Kiwi, Pfirsiche,
etwas Orangensaft, Zucker

ROSMARINSCHAUM:

150 ml Milch, 1 EL Zucker
1 Stängel Rosmarin

Aprikosen-Rahmstrudel: Die Milchbrötchen klein schneiden und mit der Sahne übergießen. Die Eier trennen. 1 Eigelb zur Seite stellen. Butter, Vanillezucker, Zucker und 5 Eigelbe in einer Schüssel mit der Küchenmaschine oder dem Handrührgerät aufschlagen. Milchbrötchen, Sauerrahm, Zitronensaft und -abrieb, Marillenbrand und Pankomehl oder Semmelbrösel unterrühren. Die Aprikosen klein schneiden und mit 2 Esslöffel Zucker marinieren. Den Rosmarin fein hacken und mit etwas Zitronensaft und Puderzucker vermengen, ein paar Minuten ziehen lassen und dann alles zusammen zu den Aprikosen geben. Die Eiweiße mit einer Prise Salz steif schlagen und vorsichtig mit dem Teig vermengen.

Strudelteig auf einem mehlierten Tuch ausziehen oder 3–4 gekaufte Teigblätter mit Butter bestreichen und übereinanderlegen. Die Strudelmasse auf dem vorderen Drittel verteilen. Die Ränder jeweils ca. 3 cm frei lassen. Die Seiten des Strudelteiges einschlagen und den Teig fast ganz aufrollen. Das Endstück mit etwas Eigelb bestreichen, bevor die Rolle verschlossen wird. Das Eigelb wirkt wie ein Kleber. Den Strudel rundum mit Eigelb und Butter bestreichen und auf ein mit Backpapier belegtes Backblech mit der Nahtseite nach unten legen. Mit einer Nadel den Strudel mehrfach einstechen, damit Feuchtigkeit beim Backen entweichen kann. Im Backofen bei 180 °C Ober-/Unterhitze ca. 30 Minuten goldgelb backen. Aus dem Ofen nehmen und etwas abkühlen lassen.

Aprikosensoße: Alle Zutaten in einen Mixer geben und fein pürieren.

Obstsalat: Früchte klein schneiden und in eine Schüssel füllen. Etwas Orangensaft und Zucker dazugeben und damit marinieren.

Rosmarinschaum: Milch mit Zucker und Rosmarin aufkochen und ziehen lassen. Die Milch etwas abkühlen lassen, Rosmarin herausnehmen und die Milch mit einem Pürierstab aufschäumen.

Anrichten: Strudelstücke auf einen Teller setzen. Etwas Aprikosensoße rund um den Strudel angießen und den Obstsalat darauf verteilen. Etwas Rosmarinschaum angießen.

WEISSER SCHOKOSTRUDEL

Birnen / Äpfel / Kokos / Haselnüsse / Schmand

Statt mit dunkler Schokolade wird dieser Strudel mit weißer Schokolade gemacht. Seine Fruchtigkeit bekommt er über die Birnen, Äpfel und etwas Zitrone. Geröstete Haselnüsse, Mandeln und Kokosraspeln verleihen ihm seinen feinen, aromatischen Geschmack. Die weiße Schokolade unterstützt dezent das Aromenspiel. Als Beilage gesellen sich in Karamellfond gekochte Birnen und Äpfel dazu. Abgerundet wird diese süße Köstlichkeit mit einer Schmandsoße. Was soll man dazu sagen: einfach Strudellust pur!

WEISSER SCHOKOLADENSTRUDEL:

250 Birnen, geschält
250 g Äpfel, geschält
1–2 EL Zucker
3 EL Birnenbrand
etwas Zitronensaft
½ EL Zimt
100 g Haselnüsse, geschält
50 g Mandelblättchen
100 g Kokosraspeln
120 g Pankomehl
200 g weiße Kuvertüre, geraspelt
1 Eiweiß
Strudelteig (siehe Seite 12) oder gekaufte Strudel- bzw. Filoteigblätter
1 Eigelb
50 g flüssige Butter
Masse für ca. 6–8 Stücke

SCHMANDSOSSE:

4 EL Schmand
12 EL Sahne
1 EL Zucker

APFEL UND BIRNE:

1 Apfel, geschält
1 Birne, geschält
2 EL Zucker
etwas Wasser
25 g Butter
150 ml Weißwein

Weißer Schokoladenstrudel: Birnen und Äpfel in kleine Würfel schneiden und in eine Schüssel füllen. Je nach Süße der Früchte mit 1–2 Esslöffeln Zucker marinieren. Birnenbrand, Zitronensaft und Zimt dazugeben und mit den Früchten vermischen. Haselnüsse und Mandelblättchen in einer Pfanne ohne Fett bei mittlerer Hitze langsam rösten und danach klein hacken. Kokosraspeln ebenfalls rösten. Haselnüsse, Mandeln und Kokosraspeln ebenfalls unter die Früchte mischen. Zum Schluss Pankomehl, weiße Schokolade und Eiweiß unterheben.

Strudelteig auf einem mehlierten Tuch ausziehen oder 3–4 gekaufte Teigblätter mit Butter bestreichen und übereinanderlegen. Die Strudelmasse auf dem vorderen Drittel verteilen. Die Ränder jeweils ca. 3 cm frei lassen. Die Seiten des Strudelteiges einschlagen und den Teig fast ganz aufrollen. Das Endstück mit etwas Eigelb bestreichen, bevor die Rolle verschlossen wird. Das Eigelb wirkt wie ein Kleber. Den Strudel rundum mit Eigelb und Butter bestreichen und auf ein mit Backpapier belegtes Backblech mit der Nahtseite nach unten legen. Mit einer Nadel den Strudel mehrfach einstechen, damit Feuchtigkeit beim Backen entweichen kann. Im Backofen bei 180 °C Ober-/Unterhitze ca. 30 Minuten backen, bis er goldgelb ist. Aus dem Ofen nehmen und abkühlen lassen.

Schmandsoße: Alle Zutaten zu einer Soße verrühren.

Apfel und Birne: Apfel und Birne in Spalten schneiden. Zucker, Wasser und Butter in einen kleinen Topf füllen und bei mittlerer Hitze karamellisieren lassen. Mit Weißwein ablöschen und etwas einkochen. Apfel- und Birnenspalten hineinlegen und für ein paar Minuten mitziehen lassen. Sie sollen noch etwas Biss haben.

Anrichten: Strudel auf dem Teller anrichten. Apfel- und Birnenspalten dazulegen und Soße angießen.

RHABARBER-HIMBEER-STRUDEL

Sauerampfereis / Vanillesoße / Butterstreusel

Neue süße Strudel

Rhabarber und Himbeeren passen hervorragend zusammen. In Kombination mit gerösteten Mandeln als Strudelfüllung schmecken sie gleich noch viel besser. Hervorragend dazu passt Sauerampfereis. Das erinnert ein wenig an den Geschmack von grünem Apfel und steckt voller Vitamin C. Für den Crisp sorgen Butterstreusel. Vanillesoße verbindet wunderbar alle Aromen auf dem Teller. Nicht zu süß und nicht zu sauer!

RHABARBER-HIMBEER-STRUDEL:

400 g Rhabarber, geschält
80 g Zucker

Mandelfüllung:

200 g Mandelblättchen
200 g Ricotta
1 Limette, Saft und Abrieb
50 g Zucker
30 g Butter, flüssig
2 PK Vanillezucker
1 Vanilleschote, Mark
etwas Zimt, 5 EL Semmelbrösel
3 Eiweiße
100 g Himbeeren
Zucker, Zimt
Strudelteig (siehe Seite 12) oder gekaufte Strudel- bzw. Filoteigblätter
50 g Butter, flüssig
1 Eigelb, Semmelbrösel, Zucker
Masse für 1–2 Strudel, ca. 8 Stücke

SAUERAMPFEREIS:

100 g Sauerampferblätter
150 ml Wasser, 70 g Kiwi, ohne Kerne
130 g Zucker
300 g griechischer Joghurt
150 ml Sahne
40 ml Portwein, weiß

BUTTERSTREUSEL:

50 g Mehl, 15 Zucker
50 g Butter, weich

VANILLESOSSE:

siehe Seite 111

Rhabarber-Himbeer-Strudel: Den geschälten Rhabarber in ca. 10 cm lange Stücke schneiden und in eine Schüssel legen. Mit Zucker bestreuen und durchmischen. Mindestens 1 Stunde ziehen lassen, damit er Flüssigkeit verliert. Die Mandelblättchen in einer Pfanne ohne Fett bei mittlerer Hitze rösten, bis sie duften. In einen Mixer fullen und fein purieren. In eine Schüssel umfüllen. Ricotta, Limettensaft und -abrieb, Zucker, Butter, Vanillezucker, Vanillemark, Zimt, Semmelbrösel und aufgeschlagenes Eiweiß unterrühren, bis ein homogener Teig entstanden ist.

Strudelteig auf einem mehlierten Tuch ausziehen oder 3–4 gekaufte Teigblätter mit Butter bestreichen und übereinanderlegen. Einen Teil der Mandelfüllung auf dem vorderen Drittel verteilen. Die Ränder jeweils ca. 3 cm frei lassen. Die Hälfte der Himbeeren in den Mandelteig stecken. Darüber die abgetropften Rhabarberstücke verteilen und mit Zucker und Zimt bestreuen. Die restlichen Himbeeren über den Rhabarber streuen. Abschließend etwas Mandelfüllung darüberstreichen. Die Seiten des Strudelteiges einschlagen und den Teig fast ganz aufrollen. Das Endstück mit etwas Eigelb bestreichen, bevor die Rolle verschlossen wird. Das Eigelb wirkt wie ein Kleber.
Den Strudel rundum mit Eigelb und Butter bestreichen und auf ein mit Backpapier belegtes Backblech mit der Nahtseite nach unten legen. Mit einer Nadel den Strudel mehrmals einstechen, damit Feuchtigkeit beim Backen entweichen kann. Im Backofen bei 180 °C Ober-/Unterhitze ca. 30 Minuten backen, bis er goldgelb ist.

Sauerampfereis: Sauerampferblätter, Zucker, Wasser und Kiwi in einen Mixer füllen und fein pürieren. Durch ein Sieb streichen. Joghurt, Sahne und Portwein unterrühren und in eine Eismaschine füllen und zu Eis verarbeiten. Alternativ über Nacht einfrieren und in Scheiben geschnitten servieren.

Butterstreusel: Mehl, Zucker und Butter verkneten und Streusel formen. Bei 180° C auf Backpapier backen, bis sie eine schöne hellbraune Farbe bekommen haben.

Anrichten: Strudel in Stücke schneiden und auf dem Teller anrichten. Vanillesoße angießen, Butterbrösel dazulegen und Eis auf dem Teller platzieren.

KOKOS-KIRSCH-STRUDEL

Aprikosensoße

Die Kirschen sollten für diesen Strudel auf jeden Fall völlig ausgereift sein. Das gleiche gilt für die Aprikosen, die als Soße ganz wunderbar dazu passen. Eine Vanillesoße (siehe Seite 111) wäre eine Alternative. Die Kombination „Kokos & Kirschen" ist wie „Schokolade & Kirschen" einfach ein Traumpaar! Deshalb haben wir auch zwei Kirschstrudel für dieses Buch entwickelt. Von diesen Strudeln sollte man immer etwas mehr machen. Im Rezept sind das etwa 2 kleinere oder 1 größerer Strudel, die gut für 4–6 Personen reichen. Guten Appetit!

KOKOS-KIRSCH-STRUDEL:

100 ml Kirschsaft
2 EL Zucker
1 EL Strohrum
700 g reife, entsteinte Herzkirschen
80 g Kokosraspeln
250 ml Kokosmilch
1 EL Zucker
2 PK Vanillezucker
3 Eier
100 Kokoszwieback
1 PK Vanillepuddingpulver
50 g Puderzucker
200 g Mascarpone

Strudelteig (siehe Seite 12)
oder gekaufte Strudel-
bzw. Filoteigblätter
aus dem Kühlregal

50 g Butter, flüssig
Masse für 3 kleinere
oder 1 größeren Strudel
(ca. 6–8 Stücke)

APRIKOSENSOSSE:

150 g Aprikosen
2 EL Aprikosenmarmelade
1 EL Zitronensaft
2 EL Zucker
50 ml Apfelsaft

Kokos-Kirsch-Strudel: Kirschsaft und Zucker aufkochen und dann zusammen mit dem Strohrum über die Kirschen schütten und ziehen lassen.

Die Kokosraspeln in einer Pfanne ohne Fett bei mittlerer Hitze langsam rösten, bis sie gut riechen.

Die Kokosmilch zusammen mit einem Esslöffel Zucker und dem Vanillezucker auf 100 ml einkochen. Die Eier trennen. 1 Eigelb zur Seite stellen. Den Kokoszwieback in einer Küchenmaschine fein mahlen. 2 Eigelbe mit dem Puderzucker, dem Kokoszwiebackmehl, dem Vanillepuddingpulver und der Mascarpone verrühren. Die 3 Eiweiße steif schlagen und unter die Masse mischen.

Strudelteig auf einem mehlierten Tuch ausziehen oder 3–4 gekaufte Teigblätter mit Butter bestreichen und übereinanderlegen. Strudelfüllung auf dem vorderen Drittel oder der vorderen Hälfte verteilen. Die Ränder jeweils ca. 3 cm frei lassen. Über die Strudelfüllung die Kokosraspeln streuen. Kirschen etwas abtropfen lassen und darauf verteilen. Darüber die restlichen Kokosraspeln streuen. Die Seiten des Strudelteiges einschlagen und den Teig fast ganz aufrollen. Das Endstück mit etwas Eigelb bestreichen, bevor die Rolle verschlossen wird. Das Eigelb wirkt wie ein Kleber. Den Strudel rundum mit Eigelb und Butter bestreichen und auf ein mit Backpapier belegtes Backblech mit der Nahtseite nach unten legen. Mit einer Nadel den Strudel mehrfach einstechen, damit Feuchtigkeit beim Backen entweichen kann. Im Backofen bei 180 °C Ober-/Unterhitze ca. 30 Minuten backen, bis er goldgelb ist. Aus dem Ofen nehmen, etwas abkühlen lassen.

Aprikosensoße: Die Aprikosen entsteinen und klein schneiden. Zusammen mit den anderen Zutaten in einen Mixer füllen und fein pürieren.

KIRSCH-SCHOKO-STRUDEL

Portwein-Kaffee-Zabaione / Minzpesto / Kirschsoße / Aprikosensalat / Geröstete-Mandeln-Eis

Diese Kombination ist schon großes Strudelkino, wie wir meinen – ein edles Dessert für besondere Anlässe auf jeden Fall. Eigentlich braucht dieser Strudel nicht viele Begleiter auf dem Teller, Portwein-Kaffee-Zabaione würde schon reichen. Wenn Sie Zeit und Lust haben, gönnen Sie sich das ganze Programm! Alle Komponenten harmonieren bestens miteinander und sorgen für echten Gaumenschmaus – Strudellust next level.

KIRSCH-SCHOKO-STRUDEL:

Füllung 1:
150 g Walnüsse
400 g Biskuitbrösel, dunkel
125 ml Kirschlikör
2 PK Vanillezucker
20 g Zucker
2 Eier

Füllung 2:
500 g Topfen oder Quark
120 g Zucker
½ Zitrone, Saft, Abrieb
70 g Pankomehl
1 Ei
Kirschen, entsteint, Menge nach Geschmack

Bayerischer Strudelteig (siehe Seite 12)
So viel Kakao dazugeben, bis eine dunkle Messe entstanden ist
20 g Butter, flüssig
Ergibt 2 kleinere oder 1 großen Strudel (ca. 10 Stücke)

PORTWEIN-KAFFEE-ZABAIONE:

3 Eigelb
1,5 EL Zucker
4 EL Portwein
1 EL Kaffeelikör

Kirsch-Schoko-Strudel:

Füllung 1: Die Walnüsse ohne Zugabe von Fett in einer Pfanne bei mittlerer Hitze langsam rösten. Die dunklen Biskuitbrösel in eine Schüssel füllen, mit Kirschlikör beträufeln, die gerösteten Walnüsse klein hacken und mit den beiden Zuckersorten und den Eiern zu einem homogenen Teig verarbeiten.

Füllung 2: Topfen oder Quark in eine Schüssel füllen und mit Zucker, Zitronensaft und -abrieb, Pankomehl und dem Ei verrühren. Die Kirschen werden später bei der Befüllung des Strudels separat dazugegeben.

Den Bayerischen Strudelteig herstellen wie auf Seite 12 beschrieben. Bei der Teigherstellung so viel Kakao dazugeben, bis sich der Teig dunkel färbt. Mindestens ½ Stunde, besser länger ruhen lassen. Danach den Teig mit einer Teigrolle ausrollen, auf ein bemehltes Tuch legen und dünn ausziehen. Zuerst die dunkle Teigfüllung darauf verstreichen. An den Rändern rundum ca. 4 cm frei lassen. Über die dunkle Füllung die helle Quarkfüllung verstreichen. Darauf die Kirschen verteilen und etwas in den Teig drücken. Die Teigränder einschlagen und mit dem Tuch zu einer Rolle formen. Den Strudel rundum mit Butter bestreichen. Die Rolle mit der Nahtseite nach unten auf ein mit Backpapier belegtes Backblech legen. Mit einer Nadel den Strudel mehrfach einstechen, damit Feuchtigkeit beim Backen entweichen kann. Im Backofen bei 180 °C Ober-/Unterhitze ca. 30–40 Minuten backen. Aus dem Ofen nehmen und abkühlen lassen. Den Strudel warm servieren.

Portwein-Kaffee-Zabaione: Eigelbe, Zucker, Portwein und Kaffeelikör in einen kleinen Topf füllen und über einem kochenden Wasserbad aufschlagen, bis die Masse bindet und ein fester Schaum entsteht.

KIRSCHSOSSE:

100 g Sauerrahm
1 PK Vanillezucker
25 ml Kirschlikör
3 TL Zucker
1 Spritzer Zitrone

MINZPESTO:

30 g Minze
50 g Mandeln, blanchiert
40 g Puderzucker
1 ½ Zitronen, Saft
1 Orange, Saft
5 EL Weißwein
1 EL Sonnenblumenöl

APRIKOSENSALAT:

3 Aprikosen
etwas Zucker
1 Spritzer Zitrone
etwas Kirschlikör

GERÖSTETE-MANDELN-EIS:

70 g Mandeln, blanchiert
40 g Zucker
100 g Mandelblättchen
400 ml Milch
250 ml Sahne
100 g Schmand
60 g Zucker

Kirschsoße: Sauerrahm, Vanillezucker, Kirschlikör, Zucker und Zitronensaft miteinander verrühren, bis sich der Zucker gelöst hat.

Minzpesto: Alle Zutaten zusammen in einem Mixer fein pürieren und abschmecken.

Aprikosensalat: Aprikosen entsteinen und in lange Spalten schneiden. Mit den restlichen Zutaten vermischen und den Salat ziehen lassen.

Geröstete-Mandeln-Eis: Die Mandeln klein hacken und in einer Pfanne ohne Fett rösten. Den Zucker dazugeben und hell karamellisieren. Zur Seite stellen und abkühlen lassen.

Die Mandelblättchen ebenfalls in einer Pfanne ohne Fett rösten, bis sie leicht gebräunt sind und gut duften. Milch, Sahne, Schmand und Zucker zu den Mandelblättchen in die Pfanne geben und für eine Minute leicht köcheln lassen. Vom Herd nehmen und 30 Minuten ziehen lassen. In einen Mixer füllen und möglichst fein pürieren. Die abgekühlte Masse in eine Eismaschine füllen und zu cremigem Eis verarbeiten. Sobald das Eis fertig ist, die gerösteten Mandelstücke unterheben. Wer keine Eismaschine hat, kann die Eismasse auch zu einem Parfait gefrieren lassen. Die gerösteten Mandelstückchen erst dann einrühren, wenn die Eismasse schon leicht angefroren ist.

Anrichten: Ein Stück Kirsch-Schoko-Strudel auf einen Teller setzen. Portwein-Kaffee-Zabaione angießen. Mit Kirschsoße, Aprikosensalat, Mandeleis und Minzpesto anrichten.

KAFFEE-ZIMT-STRUDEL

Neue süße Strudel

Cashewkerne / Rumzabaione / Schokosoße

KAFFEE-ZIMT-STRUDEL:

250 g Knödelbrot
200 ml Espresso
100 ml Milch, warm
200 g Sauerrahm
3 PK Vanillezucker
60 g Zucker
1 EL Strohrum
ca. 1 TL Zimt, nach Geschmack
350 g Cashewkerne
2 Eier
1 Eiweiß
Strudelteig (siehe Seite 12) oder gekaufte Strudel- bzw. Filoteigblätter
1 Eigelb
50 g Butter, flüssig
Masse für ca. 7–8 Stücke

RUMZABAIONE:

3 Eigelbe
2 EL Zucker, nach Geschmack
100 ml Portwein
1–2 EL Strohrum

SCHOKOSOSSE:

siehe Seite 136

Kaffee-Zimt-Strudel: Das Knödelbrot mit Espresso, Milch und Sauerrahm einweichen und gut vermengen. Vanillezucker, Zucker, Strohrum und Zimt dazugeben und unterrühren. Die Cashewkerne in einer Pfanne ohne Fett bei mittlerer Hitze langsam rösten, bis sie leicht gebräunt sind und duften. 200 g davon in einem Mixer fein pürieren und mit der Strudelmasse vermengen. Die restlichen Cashewkerne grob hacken und zusammen mit den 2 Eiern und dem Eiweiß unterrühren.

Strudelteig auf einem mehlierten Tuch ausziehen oder 3–4 gekaufte Teigblätter mit Butter bestreichen und übereinanderlegen. Die Strudelmasse auftragen und verteilen. Die Ränder ca. 3–4 cm frei lassen. Die Seiten des Strudelteiges einschlagen und den Teig zu einer Rolle formen. Das Endstück mit etwas Eigelb bestreichen, bevor die Rolle verschlossen wird. Das Eigelb wirkt wie ein Kleber. Die Strudelrolle rundum mit Eigelb und Butter bestreichen und auf ein mit Backpapier belegtes Backblech mit der Nahtseite nach unten legen. Mehrfach mit einer Nadel den Strudel einstechen, damit Feuchtigkeit beim Backen entweichen kann. Entweder einen großen oder zwei kleinere Strudel herstellen. Im Backofen bei 180 °C Ober-/Unterhitze ca. 30 Minuten backen.

Rumzabaione: In einer Schüssel über einem heißen, aber nicht kochenden Wasserbad die Eigelbe mit dem Zucker schaumig schlagen. Den Portwein und den Rum langsam dazugeben und dabei ständig rühren. So lange schlagen, bis eine dickliche, luftige, cremige Masse entstanden ist. Die Schüssel in ein kaltes Wasserbad stellen und die Creme kalt rühren.

Anrichten: Ein Stück Strudel auf den Teller setzen. Mit Rumzabaione und eventuell Schokosoße anrichten.

BANANEN-SCHOKO-STRUDEL

Karamellsoße / Schokosoße / Vanilleeis

Neue süße Strudel

Schoko-, Kokos- und Rumaromen harmonieren perfekt mit reifen Bananen. Sie bilden das aromatische Herz dieses außergewöhnlichen Strudels. Wer diese Aromen mag, hat hier schnell seinen neuen süßen Lieblingsstrudel gefunden. Als wunderbare Ergänzung dazu empfehlen wir ein leckeres Karamellsößchen und, wer mag, noch eine Schokosoße – und natürlich eine Kugel Vanilleeis. Guten Appetit!

BANANEN-SCHOKO-STRUDEL:

150 g Zartbitterschokolade
75 ml Kokosmilch
20 g Haselnusskerne
350 g Brioche, klein geschnitten
2 EL Rum
etwas Orangenabrieb
etwas Zitronenabrieb
1 PK Vanillezucker
1 Eiweiß
2–3 Bananen
2 EL Honig
etwas Zitronensaft
Strudelteig (siehe Seite 12) oder gekaufte Strudel- bzw. Filoteigblätter aus dem Kühlregal
1 Eigelb
50 g Butter
Masse für ca. 8 Stücke

KARAMELLSOSSE:

50 g Zucker
200 ml Kokosmilch
150 ml Kondensmilch
1 PK Vanillezucker

SCHOKOSOSSE:

150 g Zartbitterkuvertüre
200 ml Sahne
1 ½ EL Zucker
1 Schuss Rum

AUSSERDEM:

Bananen, Honig
Vanilleeis

Bananen-Schoko-Strudel: Die Zartbitterschokolade in der Kokosmilch bei kleiner Temperatur schmelzen lassen. Die Haselnusskerne in einer Pfanne ohne Fett rösten, fein hacken und zusammen mit der geschmolzenen Schokolade, Briochewürfeln, Rum, Orangen- und Zitronenabrieb sowie dem Vanillezucker zu einem kompakten Teig vermengen. Das Eiweiß steif schlagen und vorsichtig unterheben.

Strudelteig auf einem mehlierten Tuch ausziehen oder 3–4 gekaufte Teigblätter mit Butter bestreichen und übereinanderlegen. Auf dem vorderen Drittel des Teiges einen Teil der Schokoladenmasse verstreichen. Die Ränder jeweils ca. 3 cm frei lassen. Die geschälten Bananen längs auf die Strudelmasse legen. Mit Honig und Zitronensaft beträufeln. Die Bananen mit dem restlichen Strudelteig umhüllen. Die Seiten des Strudelteiges einschlagen und den Teig fast ganz aufrollen. Das Endstück mit etwas Eigelb bestreichen, bevor die Rolle verschlossen wird. Das Eigelb wirkt wie ein Kleber.
Den Strudel rundum mit Eigelb und Butter bestreichen und auf ein mit Backpapier belegtes Backblech mit der Nahtseite nach unten legen. Mit einer Nadel den Strudel mehrfach einstechen, damit Feuchtigkeit beim Backen entweichen kann. Im Backofen bei 180 °C Ober-/Unterhitze ca. 30 Minuten backen, bis er goldgelb ist. Aus dem Ofen nehmen, etwas abkühlen lassen.

Karamellsoße: Den Zucker in einem Topf bei mittlerer Hitze bernsteinfarben karamellisieren. Mit der Kokos- und der Kondensmilch aufgießen. Den Vanillezucker einrühren und vorsichtig einkochen lassen, bis die Soße eindickt.

Schokosoße: Die Schokolade und die Sahne in einen Topf geben und langsam schmelzen lassen. Zucker und Rum dazugeben und gut verrühren.

Anrichten: Bananen in Scheiben schneiden. Ein Stück Strudel auf den Teller setzen und mit Karamellsoße umgießen. Bananenscheiben dekorativ anrichten. Mit etwas Honig beträufeln. Mit Schokosoße umgießen und eventuell mit einer Kugel Vanilleeis ausgarnieren.

BAYERISCHER APFELSTRUDEL

Vanillesoße

Klassische süße Strudel

Wir kennen wenig Menschen, die keinen Apfelstrudel mögen. Es scheiden sich die Geister, welcher der bessere ist – die bayerische oder die österreichisch-wienerische Variante? Sandra liebt die wienerische Variante, mir schmeckt die bayerische deutlich besser, vor allem dann, wenn der Teig etwas dicker gezogen ist – so kommt er geschmacklich viel besser zur Geltung. Und knusprig ist er auch. Deshalb auf den nächsten Seiten beide Varianten. Entscheiden Sie selbst!

BAYERISCHER STRUDEL-ZIEHTEIG:

00 g Mehl Typ 550 (DE), Typ 700 (Ö)
EL ÖL, 1 Prise Salz, 1 Ei
25 ml warmes Wasser
Etwas Öl zum Bestreichen

Strudelfüllung:

-6 Äpfel (z. B. Elstar)
EL Zitronensaft
0 Rosinen, in Rum eingelegt nach Geschmack
0 g Haselnüsse, blanchiert
0 g Zucker
TL Zimt

Zum Bestreichen:

0 g Butter, flüssig
Eigelb
Masse für 7–8 Stücke

Zum Übergießen:

25 ml Milch
5 g Butter
0 g Zucker

VANILLESOSSE:

Siehe Seite 111

AUSSERDEM:

Puderzucker zum Bestreuen

Bayerischer Strudel-Ziehteig: Das Mehl in eine Schüssel sieben und mit den restlichen Zutaten zu einem glatten Teig verarbeiten. Den Teig mit etwas Öl einstreichen, in eine Schüssel legen, mit Klarsichtfolie abdecken und mindestens ½ Stunde ruhen lassen. Je länger, desto besser. Wenn man den Teig nicht zu dünn auszieht, kann man die Äpfel über den gesamten Teig verteilen (siehe Seite 12).

Strudelfüllung: Die Äpfel schälen und in dünne Scheiben schneiden oder hobeln, in eine Schüssel füllen und mit dem Zitronensaft beträufeln und gut vermengen. Wer mag, kann Rosinen dazugeben. Die Haselnüsse in einer Pfanne ohne Fett rösten und in einem Mixer fein mahlen.
Das Haselnussmehl, den Zucker und den Zimt gut mit den Äpfelspalten vermischen und abschmecken.

Ein Tuch mit etwas Mehl bestäuben (Bilderstrecke Seite 13) Darauf den Strudelteig mit einem Nudelholz zu einem Rechteck ausrollen. Mit den Händen bis zur gewünschten Teigstärke und Größe ausziehen und zuschneiden.
Die Apfelfüllung gleichmäßig über den gesamten Teig verteilen, dabei die Ränder ca. 3 cm frei lassen. Die Teigränder einschlagen und den Strudel mit Hilfe des Tuches aufrollen. Eine Bratreine oder eine entsprechend große Auflaufform mit Butter ausstreichen. Den Strudel mit Hilfe des Tuches und der Nahtseite nach unten in die Form legen. Den Strudel mit Butter und Eigelb rundum bestreichen und im vorgeheizten Backofen bei 180 °C Ober-/Unterhitze backen.

Für den Guss die Milch, die Butter und den Zucker in einem Topf einmal aufkochen, bis sich der Zucker aufgelöst hat. Nach ca. 20–25 Minuten die heiße Milchmischung vorsichtig über den Strudel gießen und fertig backen, bis die Mich komplett vom Strudel aufgesogen wurde. Gesamtbackzeit ca. 40 Minuten.

WIENER APFELSTRUDEL

Vanilleeis / Sahne / Vanillesoße

Klassische süße Strudel

Er ist wohl der bekannteste Strudel weltweit – der Wiener Apfelstrudel. Er wird mit einem dünn ausgezogenen Strudelteig hergestellt. Traditionell werden dabei die Äpfel beim Füllen über die gesamte Teigfläche verteilt. Wir empfehlen Ihnen, die Apfelfüllung nur auf dem vorderen Drittel zu platzieren. So bekommen Sie mehrere leckere und knusprige Teigschichten rund um den Strudel. Verteilen Sie die Füllung auf dem gesamten Teig, weichen die inneren Teigschichten beim Backen auf und man schmeckt nicht mehr viel vom Teig. Es bleibt natürlich Ihnen überlassen, wie Sie es machen wollen. Probieren Sie beide Versionen einfach aus!

WIENER STRUDEL-ZIEHTEIG:

300 g Mehl Typ 550 (DE), Typ 700 (Ö)
1 EL ÖL
1 EL Essig
1 Prise Salz
125 ml warmes Wasser
Etwas Öl zum Bestreichen
1 Eigelb
Butter, flüssig

Strudelfüllung:

1 kg Äpfel (z. B. Elstar)
2 EL Zitronensaft
80 g Butter
100 g Semmelbrösel
2 PK Vanillezucker
80 g Zucker
½ Teelöffel Zimt
100 g Rosinen
2 EL Rum
Masse für 7–8 Stücke

VANILLESOSSE:

siehe Seite 111

AUSSERDEM:

Puderzucker zum Bestreuen

Strudelteig: Das Mehl in eine Schüssel sieben, restliche Zutaten dazugeben und zu einem glatten Teig verarbeiten. Den Teig mit Öl einstreichen, in eine Schüssel legen, mit Klarsichtfolie abdecken und mindestens ½ Stunde ruhen lassen. Je länger, desto besser. Dabei entwickelt sich die Ziehfähigkeit des Teiges (siehe Bilderstrecke Seite 12).

Strudelfüllung: Die Äpfel schälen und in dünne Scheiben schneiden. In eine Schüssel füllen und mit dem Zitronensaft vermengen.

Die Butter in der Pfanne aufschäumen, die Semmelbrösel dazugeben, anrösten und mit Vanillezucker, Zucker und Zimt vermengen. Ein paar Minuten mitrösten, dann die Rosinen mit den Apfelscheiben in die Pfanne füllen, kurz erhitzen, alles miteinander vermischen und in eine Schüssel umfüllen. Zum Schluss den Rum zu den Äpfeln geben und vermengen.

Strudelherstellung: Den Strudelteig auf einem bemehlten Tuch zunächst mit dem Nudelholz ausrollen und anschließend dünn ausziehen (siehe Bilderstrecke Seite 13).

Die Apfelfüllung entweder auf dem vorderen Drittel oder über die gesamte Teigfläche verteilen. Rundum ca. 2–3 cm frei lassen. Die Seiten des Strudelteiges einschlagen und dann mit Hilfe des Tuches zu einer Rolle formen. Die Strudelrolle rundum mit Eigelb und Butter bestreichen und mit Hilfe des Tuches auf einem mit Backpapier belegtem Backblech mit der Nahtseite nach unten legen. Mit einer Nadel mehrfach einstechen, damit beim Backen Feuchtigkeit entweichen kann.

Im Ofen bei 180 °C Ober- Unterhitze ca. 30-40 Minuten goldgelb backen. Etwas abkühlen lassen, mit Puderzucker bestreuen und mit Vanilleeis, Sahne oder Vanillesoße lauwarm servieren.

QUITTENBIRNEN-STRUDEL

Preiselbeereis / Spekulatius-Erdnuss-Crumble / pochierte Birne / weiße Schokosoße / Pinienkerncreme

Für diesen Birnenstrudel haben wir Quittenbirnen verwendet. Diese sind besonders aromatisch, haben eine leichte Säure und sind unseres Erachtens besonders köstlich. Man kann natürlich auch aromatische Birnensorten oder Quitten verwenden, wie zum Beispiel die türkische Eshme. Eigentlich braucht es dazu keine Beilagen auf dem Teller, so lecker schmeckt dieser Strudel. Trotzdem haben wir ein paar köstliche Vorschläge für Sie. Wie wäre es denn mit einem Erdnuss-Spekulatius-Crumble? Und wer jetzt zweifelt – Erdnussaromen und Birne? Das passt hervorragend – einfach mal probieren. Dann hätten wir noch Preiselbeereis als Möglichkeit. Auch das harmoniert ganz wunderbar mit den Birnen. Und zu guter Letzt noch eine Pinienkerncreme und eine weiße Schokoladensoße, die auch eine Option wären. Suchen Sie sich etwas aus oder genießen Sie alle Beilagen dazu. Das ist Strudellust pur. Guten Appetit!

POCHIERTE BIRNEN:

1–2 Quittenbirnen
alternativ: Süßquitte Eshme
(aus dem türkischen Supermarkt)
oder andere aromatische Birnensorten
250 ml Weißwein
½ Zitrone (Bio), Saft und Schale
1 Orange (Bio), Saft und Schale
1 Zimtstange
2 PK Vanillezucker
40 g Zucker
2 EL Strohrum

ERDNUSS-SPEKULATIUS-CRUMBLE:

200 g Spekulatius
oder Butterspekulatius
70 g Erdnusscreme
1 Prise Salz
30 g Butter
1 TL Zimt
1–2 TL Zucker, nach Geschmack
40 g Erdnüsse, geschält

Pochierte Birnen: Die Quittenbirnen schälen, längs teilen und das Kerngehäuse entfernen, in ca. 5 mm dicke Scheiben schneiden und zur Seite stellen.

Weißwein, Zitronensaft und -schalen, Orangensaft- und -schalen, Zimtstange, Vanillezucker, Zucker und Rum in einen Topf füllen und einmal aufkochen, damit sich der Zucker auflöst. Jetzt die Birnenspalten hineinlegen und bei mittlerer Hitze im Sud garziehen lassen. Sie sollen noch etwas Biss haben. Die Birnen herausnehmen und zur Seite stellen. Den Birnensud dickflüssig einkochen und durch ein Sieb abtropfen lassen. Die Zimtstange entfernen. Die Zitronen und Orangenschalen herausnehmen, fein hacken und zusammen mit dem eingekochten Birnensud später mit der Strudelmasse vermengen.

Erdnuss-Spekulatius-Crumble: 100 g Spekulatius im Mixer fein mahlen. In eine Schüssel füllen und mit erwärmter Erdnusscreme und einer Prise Salz verrühren. Die Butter in einer Pfanne zusammen mit dem Zimt einmal aufschäumen und mit dem Zucker zur Spekulatiuscreme geben und verrühren.

Die restlichen Spekulatius und die Erdnüsse in kleine Stücke hacken. Auf einem mit Backpapier belegten Backblech im Backofen bei 180 °C Umluft rösten, bis die Erdnüsse und die Spekulatius eine schöne hellbraune Farbe haben. Abkühlen lassen und vorsichtig mit der Spekulatiuscreme vermengen.

QUITTENBIRNEN-STRUDEL:

80 g Cranberries, getrocknet
2 EL Strohrum
3 EL Weißwein
1 kg Quittenbirnen, geschält
alternativ türkische
Süßquitte Eshme, geschält
2–3 EL Zucker, je nach Süße der Birnen
100 g Mandelblättchen
100 g Kokosraspeln
100 g Marzipan
Birnensud und feingehackte
Zitronen- und Orangenschalen
von Seite 143 „Pochierte Birnen"
2 Eier
1 Eiweiß
1 Eigelb
50 g Butter, flüssig
Strudelteig (siehe Seite 12) oder
gekaufte Strudel- bzw. Filoteigblätter
Masse für 2 Strudel
(ca. 8–10 Stücke)

PREISELBEEREIS:

60 g Zucker
100 ml Orangensaft
etwas Cognac
½ Glas Wildpreiselbeeren oder mehr,
nach Geschmack
250 g Quark
100 ml Sahne
Wer mag:
Thymian, nach Geschmack
1 TL Puderzucker
1 TL Zitronensaft

PINIENKERNCREME:

50 g Pinienkerne, grün
1 TL Honig
1 EL Weißwein
100 ml Sahne
1 Spritzer Zitrone
etwas Kirschlikör

WEISSE SCHOKOLADENSOSSE:

100 g Kuvertüre, weiß
50 ml Sahne

Quittenbirnen-Strudel: Die Cranberries in ein passendes Glas füllen und in Rum und Weißwein einweichen (sie sollen mit der Flüssigkeit bedeckt sein). Am besten über Nacht oder mindestens 1 Stunde ziehen lassen, damit sich die Früchte vollsaugen können.

Die geschälten Birnen in ca. 6–8 mm kleine Würfel schneiden. In einer Schüssel mit dem Zucker vermengen und 10 Minuten stehen lassen. Die Mandelblättchen in einer Pfanne ohne Fett bei mittlerer Hitze goldgelb rösten und zu den Birnen geben. In der selben Pfanne die Kokosraspeln ebenfalls ohne Fett rösten, bis sie duften. In einem Mixer mit dem Marzipan fein pürieren und zusammen mit dem Birnensud, den fein geschnittenen Zitronen- und Orangenschalen und den eingelegten Cranberries inklusive deren Flüssigkeit unter die Birnenwürfel mischen. Die beiden Eier und das Eiweiß unterheben und vermengen. Die Masse abschmecken und ggf. mit Zucker nachwürzen.

Strudelteig auf einem mehlierten Tuch ausziehen oder 3–4 gekaufte Teigblätter mit Butter bestreichen und übereinanderlegen. Die Strudelmasse auf dem vorderen Drittel verteilen. Die Ränder jeweils ca. 3 cm frei lassen. Die Seiten des Strudelteiges einschlagen und den Teig fast ganz aufrollen. Das Endstück mit etwas Eigelb bestreichen, bevor die Rolle verschlossen wird. Das Eigelb wirkt wie ein Kleber. Den Strudel rundum mit Eigelb und Butter bestreichen und auf ein mit Backpapier belegtes Backblech mit der Nahtseite nach unten legen. Mit einer Nadel den Strudel mehrfach einstechen, damit Feuchtigkeit beim Backen entweichen kann. Im Backofen bei 180 °C Ober-/Unterhitze ca. 30 Minuten goldgelb backen. Aus dem Ofen nehmen und etwas abkühlen lassen.

Preiselbeereis: Zucker, Orangensaft, Cognac und Preiselbeeren vermischen und so lange rühren, bis sich der Zucker gelöst hat. Quark und Sahne dazugeben. Thymianblätter mit Zitronensaft und Puderzucker vermengen und fein hacken. Die Preiselbeer-Quark-Masse in einer Eismaschine zu cremigem Eis verarbeiten. Sobald es fertig ist, den Thymian unterrühren. Alternativ die Eismasse im Gefrierfach zu Parfait gefrieren. Kurz bevor die Eismasse richtig fest wird, den Thymian unterrühren.

Pinienkerncreme: Die Pinienkerne in einer Pfanne ohne Fett leicht rösten. Zusammen mit Honig, Weißwein, Sahne, Zitronensaft und Kirschlikör in einem Mixer fein pürieren.

Weiße Schokoladensoße: Kuvertüre und Sahne in einem Topf bei kleiner Hitze schmelzen und verrühren.

Anrichten: Ein Stück Strudel auf einen Teller legen oder stellen. Spekulatius-Erdnuss-Crumble auf einer Seite platzieren. Auf die andere Seite pochierte Birnenscheiben legen. Eine Kugel Eis oder Parfait auf den Teller setzen und mit etwas Pistaziencreme anrichten. Mit weißer Schokoladensoße rundum begießen.

STRUDEL-CORNETS

Neue süße Strudel

Süße Köstlichkeiten, schnell gemacht und mit verschiedenen Fruchtcremes füllbar

STRUDEL-CORNETS:

1 Packung Filoteig aus dem Kühlregal
40 g Butter, flüssig
etwas Speiseöl
200 ml Sahne
1 PK Sahnesteif
1 PK Vanillezucker
30 g Puderzucker
50 g Quark
etwas Limettensaft und -abrieb
ca. 100 g Erdbeeren,
Himbeeren, Heidelbeeren o. Ä.
Minzblätter oder
Zitronenverbeneblätter
Masse für ca. 10 Stücke

ZUSÄTZLICH:

mehrere Schillerlockenformen
Spritzbeutel, Minze

Strudel-Cornets: 5 Filoteigblätter in der Mitte durchschneiden und mit flüssiger Butter bestreichen, übereinanderlegen und etwas andrücken. Die Schillerlockenformen rundum mit Öl einstreichen. Jeweils ein zusammengeklapptes Teigblatt mit einer Ecke von unten schräg nach oben über die Metallform drehen. Der obere Teil der Metallform sollte frei bleiben, damit man sie nach dem Backen besser herausziehen kann. Falls die Teigblätter zu groß sein sollten, überstehenden Teig wegschneiden. Stellen Sie ca. 10 Röllchen her. Die Teigröllchen auf ein mit Backpapier belegtes Backblech legen. Mit Butter bestreichen und mit Puderzucker bestreuen. Bei 180 °C Ober-/Unterhitze backen. Dabei immer wieder drehen, damit alle Seiten eine gleich schöne, goldgelbe Farbe erhalten. Die gebackenen Röllchen komplett auskühlen lassen, erst dann lassen sich die Metallformen mit etwas Druck aus der Teigrolle ziehen. Darauf achten, dass sie nicht brechen.

Sahne, Sahnesteif, Vanillezucker und Puderzucker mit dem Handmixer steif schlagen. Quark, Limettensaft und -abrieb unterheben. Die Erdbeeren in kleine Würfel schneiden, unter die Masse mischen und mit einem Spritzbeutel in die Cornets füllen. Mit einem größeren Erdbeerstück und einem Minze- oder Zitronenverbeneblatt dekorieren.

PINIEN-STRUDELSTANGERL

Gelbes Tomatensorbet / Basilikum-Minze-Sirup

Neue süße Strudel

Wer sich süßes Tomatensorbet überhaupt nicht vorstellen kann, der sollte diese Rezept ausprobieren. Reife, gelbe Ananastomaten sind zum Beispiel dafür bestens geeignet, da sie sehr fruchtig sind und weniger Säure enthalten als ihre roten Artgenossen. Andere gelbe Sorten kann man auch nehmen. Dazu gibt es Streusel, Pinienkerne und Blätterteig, geschnitten und nicht gerollt! Basilikum und Minze harmonieren hervorragend damit. Ein schnell gemachtes und rundum köstliches Dessert, mit dem Sie Ihre Gäste zum Staunen bringen!

PINIEN-STRUDELSTANGERL:

50 g Mehl
25 g Zucker
25 g Butter, kalt
schneller Blätterteig (siehe Seite 14), ausgerollt auf ca. 24 x 40 cm oder gekauft aus dem Kühlregal
1 Ei
50 g Pinienkerne
Puderzucker

GELBES TOMATENSORBET:

800 g gelbe Tomaten, zum Beispiel Ananastomaten oder andere Sorten
1 Vanillestange, Mark
75 ml Olivenöl, mild, fruchtig
150 ml Orangensaft
130 g Zucker
etwas Limettenabrieb
etwas Limettensaft
1 Prise Piment d'Espelette

BASILIKUM-MINZE-SIRUP:

150 ml Wasser
70 g Zucker
2–3 Scheiben Limetten
30 g Basilikumblätter
10 g Minzblätter
Puderzucker

Pinien-Studelstangerl: Mehl, Zucker und Butter mit den Händen verkneten und zu Streuseln verarbeiten.

Blätterteigplatte in der Mitte halbieren und in 3 cm breite Streifen schneiden. Auf ein mit Backpapier belegtes Backblech legen. Eiweiß und Eigelb miteinander verrühren und die Blätterteigstreifen damit bestreichen. Darauf die Streusel und Pinienkerne verteilen. Mit Puderzucker bestreuen und bei 200 °C Ober-/Unterhitze goldbraun backen. Nach dem Abkühlen nochmals mit Puderzucker bestreuen.

Gelbes Tomatensorbet: Die Tomaten in Stücke schneiden und den Strunk entfernen. Vanillestange längs halbieren und Mark herauskratzen. Das Olivenöl in einem Topf erhitzen, die Tomatenwürfel darin anschwitzen. Mit Orangensaft ablöschen. Das Vanillemark, die Vanillestange und den Zucker zu den Tomaten geben und 30 Minuten einköcheln lassen. Alles in einem Mixer fein pürieren. Durch ein Sieb in eine Schüssel streichen und mit Limettenabrieb, Limettensaft, etwas Piment d'Espelette und Zucker abschmecken. In einer Eismaschine zu cremigem Sorbet verarbeiten. Alternativ auf ein Blech gießen und in den Gefrierschrank stellen. Alle 30 Minuten durchrühren, bis die gewünschte Konsistenz erreicht ist.

Basilikum-Minze-Sirup: Wasser, Zucker und Limettenscheiben in einem Topf aufkochen und um ein Drittel einkochen. Die Limettenscheiben aus dem Sirup nehmen und abkühlen lassen. Das Basilikum und die Minze in Streifen geschnitten dazugeben oder alles zusammen in einem Mixer fein pürieren.

Anrichten: Eine Nocke Tomatensorbet auf einem Teller mit etwas Basilikum-Minze-Sirup anrichten und ein Blätterteig-Pinienkernstangerl dazulegen. Mit Puderzucker bestreuen.

ZWETSCHGENSTRUDEL

Kaffeesoße / Holundersorbet / Minzcreme / Walnüsse

Klassische süße Strudel

Richtig reife und vollmundig süß schmeckende Zwetschgen und Zimtstreusel sind die geschmackliche Basis dieses Strudels. Wunderbar dazu passen geröstete Walnüsse, eine perfekt harmonierende Kaffeesoße und eine fruchtige Minzsoße. Abgerundet wird das Gericht mit einem Holunder-Zwetschgen-Sorbet, das durch seine Aromatik den Strudel wunderbar ergänzt. Wem das zu viel Aufwand ist, der lässt die ein oder andere Komponente einfach weg. Deshalb schmeckt der Strudel genauso gut. So oder so – es ist Strudellust pur.

ZWETSCHGENSTRUDEL:

300 g Mehl Typ 550 (DE), Typ 700 (Ö)
200 g Butter in Stückchen
125 g Zucker
1 Ei
1 Päckchen Vanillezucker
etwas Zitronenschale, Abrieb
1 Prise Salz
750 g Zwetschgen
1 Eigelb
50 g Butter, flüssig
Masse für 7–8 Stücke

BUTTER-ZIMT-STREUSEL:

300 g Mehl
150 g Butter, kalt
150 g Zucker
1 Prise Salz
½ TL Zimt

HOLUNDER-ZWETSCHGEN-SORBET:

800 g Zwetschgen, entsteint
200 g Zucker
300 ml Portwein, rot
300 ml Rotwein
300 ml Holunderbeerensaft
4 Kugeln Piment
1 Sternanis
1 TL Zimt
4 PK Vanillezucker

Zwetschgenstrudel: Das Mehl für den Mürbeteig in eine Schüssel sieben, die restliche Zutaten dazugeben und zu einem glatten Teig verkneten. Den Teig zu einer Kugel formen und in Klarsichtfolie wickeln. Mindestens 1 Stunde im Kühlschrank durchkühlen lassen.

Die gewaschenen Zwetschgen halbieren, entsteinen und vierteln.

Den gekühlten Mürbeteig aus dem Kühlschrank nehmen und auf einem mehlierten Tuch rechteckig auf eine Stärke von ca. 3 mm ausrollen. Die gebackenen Streusel gleichmäßig auf dem Teig verteilen, 2–3 cm zum Rand hin frei lassen und die Zwetschgen darauf legen. Wer es süßer mag, kann die Zwetschgen noch etwas mit Zucker bestreuen. Die Teigränder einschlagen und mit Hilfe des Tuches aufrollen. Mit der Nahtseite nach unten auf ein mit Backpapier belegtes Backblech legen und rundum mit Eigelb und flüssiger Butter bestreichen. Die restlichen ungebackenen Zimt-Butter-Streusel auf dem Strudel verteilen und im vorgeheizten Backofen bei ca. 180 Grad Ober-/Unterhitze ca. 35 Minuten goldgelb backen.

Butter-Zimt-Streusel: Alle Zutaten für die Butterstreusel mit den Händen rasch verkneten und zu Streuseln formen. Die Hälfte der Streusel kühl stellen, die andere Hälfte der Streusel auf einem mit Backpapier belegten Backblech verteilen, bei 180 °C Ober-/Unterhitze ca. 15 Minuten goldgelb backen und dann auskühlen lassen.

Holunder-Zwetschgen-Sorbet: Alle Zutaten in einen Topf füllen und ca. 30 Minuten köcheln lassen. Gewürze entfernen und alles fein pürieren. In einer Eismaschine zu einem cremigen Sorbet weiterverarbeiten. Wer keine Eismaschine hat, kann die Sorbetmasse auch im Gefrierschrank herstellen. Während des Gefriervorgangs immer wieder mal umrühren, bis die richtige Konsistenz erreicht ist. Ansonsten das gefrorene Sorbet ½ Stunde vor dem Servieren aus dem Gefrierschrank nehmen, etwas auftauen lassen, eine Nocke abstechen und zum Strudel servieren.

KARAMELL-KAFFEE-SOSSE:

200 g Zucker
200 g Sahne
1 Prise Salz
2–3 EL Kaffeelikör

MINZSOSSE:

30 g Minze
50 ml Portwein, weiß
1 PK Vanillezucker
1 EL Zucker
etwas Limettensaft
50 ml Sahne

KARAMELLISIERTE WALNÜSSE:

Walnüsse nach Geschmack
etwas Zucker

Karamell-Kaffee-Soße: Den Zucker in einen Topf füllen und auf dem Herd bei mittlerer Hitze schmelzen, bis er bernsteinfarben ist. Dann sofort die Sahne und etwas Salz dazugeben und den Karamell damit aufkochen. Am Schluss den Kaffeelikör einrühren.

Minzsoße: Die Minze kurz in sprudelnd heißem Wasser blanchieren. Gleich wieder herausnehmen und unter möglichst kaltem Wasser abschrecken. Zusammen mit den anderen Komponenten in einen Mixer füllen und fein pürieren. Alternativ die Minze fein hacken und mit den anderen Zutaten vermengen.

Karamellisierte Walnüsse: Die Walnüsse in einer Pfanne ohne Fett langsam bei mittlerer Hitze rösten. Die Hitze erhöhen und den Zucker darüber streuen und karamellisieren lassen.

Anrichten: Ein Stück Zwetschgenstrudel auf einen Teller setzen. Karamellsoße angießen. Das Holunder-Zwetschgen-Sorbet gegenüber dem Strudel anrichten. Mit der Minzsoße und den karamellisierten Walnüssen servieren.

GLÜHWEINSTRUDEL

Mandarinen / Rumzabaione / Glühweinreduktion

GLÜHWEINSTRUDEL:

Teig 1: 350 g Gewürzspekulatius
100 g Brioche, 1–2 Tage alt
25 g Mandelblättchen, geröstet
400–500 ml Heidelbeerglühwein
1–2 EL Honig, etwas Zimt
½ Mandarine, Abrieb (Bio)
½ Zitrone, Abrieb (Bio)
1 Ei
Teig 2: 400 g Quark
150 g Sauerrahm
2 PK Vanillezucker, 70 g Zucker
3 Eier, 1 Eiweiß, 90 g Pankomehl
6–7 Mandarinen
1 Eigelb, 50 g Butter, flüssig
Strudelteig (siehe Seite 12) oder
Strudelteig aus dem Kühlregal
100 ml Orangensaft, Zucker
Masse für ca. 8 Stücke

RUMZABAIONE:

150 ml Weißwein, 3 Eigelbe
1–2 EL Zucker, 1–2 EL Rum

GLÜHWEINREDUKTION:

300 ml Heidelbeerglühwein
1–2 EL Zucker
etwas Orangenschale
½ Zimtstange

Glühweinstrudel: Teig 1: Die Gewürzspekulatius in einem Mixer mahlen. Brioche klein schneiden und zusammen mit den Spekulatiusbröseln vermengen. Die gerösteten Mandelblättchen grob hacken und dazugeben. Heidelbeerglühwein, Honig, Zimt, Mandarinen- und Zitronenabrieb und das Ei untermischen. Alles zu einem homogenen Teig verarbeiten und abschmecken.

Teig 2: Quark, Sauerrahm, Vanillezucker, Zucker, Eier und das Eiweiß zusammen mit dem Pankomehl vermengen, abschmecken und 1 Stunde in den Kühlschrank stellen. Die Mandarinen schälen und die weißen Fäden abziehen.

Strudelteig auf einem mehlierten Tuch ausziehen oder 3–4 gekaufte Teigblätter mit Butter bestreichen und übereinanderlegen. Zuerst den Teig 1 auf den Strudelblättern verteilen. Die Ränder ca. 2–3 cm frei lassen. Über dem 1. Teig den 2. Teig verstreichen und Mandarinenspalten darauf verteilen. Die Seiten des Strudelteiges einschlagen und den Teig fast ganz aufrollen. Das Endstück mit etwas Eigelb bestreichen, bevor die Rolle verschlossen wird. Rundum mit Eigelb und Butter bestreichen und auf ein mit Backpapier belegtes Backblech mit der Nahtseite nach unten legen. Mit einer Nadel den Strudel mehrfach einstechen, damit Feuchtigkeit beim Backen entweichen kann. Im Backofen bei 180 °C Ober-/Unterhitze ca. 30 Minuten backen. Die restlichen Mandarinenspalten mit etwas Orangensaft und Zucker marinieren.

Rumzabaione: Alle Zutaten über einem heißen Wasserbad mit dem Handmixer zu einer Creme aufschlagen.

Glühweinreduktion: Alle Zutaten in einen Topf füllen und auf die Hälfte einkochen.

Anrichten: Den Strudel mit Puderzucker bestreuen und mit Vanillesoße (siehe Seite 111), Glühweinreduktion und marinierten Mandarinenspalten anrichten.

WEIHNACHTLICHER LEBKUCHENSTRUDEL

Kirschglühweinsoße / Sahnesoße / Vanilleeis

Wer zur Weihnachtszeit gerne Lebkuchen isst, wird diesen Strudel lieben. Alle Zutaten, die richtig gute Lebkuchen ausmachen, vereinen sich in dieser Strudelfüllung. Ergänzend kommen Schattenmorellen und Äpfel dazu, die für Fruchtigkeit sorgen. Und was passt besser zur Weihnachtszeit als Glühwein? Deshalb darf ein Glühweinsößchen, basierend auf Kirschglühwein, nicht fehlen. Weihnachten kann kommen!

LEBKUCHENSTRUDEL:

200 g Haselnüsse, ganz, blanchiert
400 g Mandeln, blanchiert, gehackt
100 g Marzipan, Rohmasse
200 g Sauerrahm, 3 PK Vanillezucker
1 ½ EL Lebkuchengewürz
4 EL Rum, ½ Orange, Abrieb und Saft
½ Zitrone, Abrieb, 4 EL Zucker
2 Eier, 1 Eiweiß
200 Brioche, angetrocknet
150 g Äpfel, geschält, fein gewürfelt
30 g Zitronat, fein gehackt
30 g Orangeat, fein gehackt
30 g Sultaninen, fein gehackt
350 g Schattenmorellen, eingelegt
Strudelteig (siehe Seite 12) oder
Strudelteig aus dem Kühlregal
1 Eigelb, 50 g Butter, flüssig
Masse für ca. 8 Stücke

KIRSCHGLÜHWEINSOSSE:

500 ml Kirschglühwein
Saft aus Schattenmorellen-Glas
3 Scheibchen Orangenschale (Bio)
½ Zimtstange, 1 PK Vanillezucker
1 Scheibe Ingwer, 2–3 EL Zucker,
nach Geschmack, etwas Stärke

SAHNESOSSE:

200 ml Sahne, 200 ml Kondensmilch
1 EL Zucker, etwas Stärke

Weihnachtlicher Lebkuchenstrudel: Die Haselnüsse und Mandelstücke in je einer Pfanne ohne Fett rösten, bis sie leicht Farbe annehmen und gut duften. Die Mandeln zusammen mit Marzipan, Sauerrahm, Vanillezucker, Lebkuchengewürz, Rum, Orangenabrieb und -saft, Zitronenabrieb, Zucker, Eiern und Eiweiß in einen Mixer füllen und alles zusammen fein vermahlen. Die Teigmasse in eine Schüssel umfüllen. Die Haselnüsse grob hacken. Brioche klein schneiden und zusammen mit den fein gewürfelten Äpfeln, Haselnüssen, Zitronat, Orangeat und Sultaninen zum Teig geben und gut vermengen. Der Teig sollte jetzt eine zähere Konsistenz haben.
Strudelteig auf einem mehlierten Tuch ausziehen oder 3–4 gekaufte Teigblätter mit Butter bestreichen und übereinanderlegen. Die Füllung auf dem Teig verstreichen. Darüber die abgetropften Schattenmorellen verteilen. Rundum ca. 2–3 cm frei lassen. Die Seiten einschlagen und den Teig fast ganz aufrollen. Das Endstück mit etwas Eigelb bestreichen, bevor die Rolle verschlossen wird. Die Strudelrolle rundum mit Eigelb und Butter bestreichen und auf ein mit Backpapier belegtes Backblech mit der Nahtseite nach unten legen. Mit einer Nadel den Strudel mehrfach einstechen, damit Feuchtigkeit beim Backen entweichen kann. Im Backofen bei 180 °C Ober-/Unterhitze ca. 30 Minuten backen, etwas abkühlen lassen und mit Puderzucker bestreuen.

Kirschglühweinsoße: Alle Zutaten in einem Topf köcheln lassen und um ein Drittel oder mehr einkochen. Die Gewürze herausnehmen. Die Soße mit etwas Stärke binden, bis eine sämige Konsistenz entsteht.

Sahnesoße: Sahne, Kondensmilch und Zucker bei mittlerer Hitze um ein gutes Drittel einkochen. Mit etwas Stärke sämig abbinden.

Anrichten: Kirschglühweinsoße auf einem Teller als Soßenspiegel anrichten. Strudel darauf setzen. Etwas Sahnesoße durch die Kirschglühweinsoße ziehen oder separat dazu reichen. Vanilleeis dazu servieren. Wer mag, legt noch eine Kapstachelbeere dazu.

KLEINE SNACKSTRUDEL

16 Varianten für mehr Abwechslung in der Hand

Neue Snack-strudel

Diese Ministrudel sind in etwa so groß wie türkische Zigarrenböreks. Sie sind Fingerfood und bestens für ein Buffet, als Partysnacks oder Mitbringsel geeignet. Mit etwas Salat und Soße auch als Mittagssnack oder Abendessen. Wir haben für Sie 16 neue Füllungen entwickelt, die jeweils einen eigenen Charakter haben. Böreks werden normalerweise in Öl frittiert, wir haben die Snackstrudel ganz klassisch im Ofen gebacken. So sind sie nicht so ölig. Dazu passen zwei Soßen: eine Art Zaziki (Gurkenjoghurt) und eine asiatisch angehauchte Soja-Ponzusoße. Die Rezepte finden Sie auf der nächsten Doppelseite.

FÜLLUNG 1:

OLIVENFÜLLUNG

80 g Oliven, schwarz, entsteint
10 g Rosmarin, fein gehackt
etwas Orangenabrieb
30 g Pankomehl oder Semmelbrösel
2 EL Joghurt
1 EL Honig
25 g Parmesan, gerieben
1 Knoblauchzehe, klein gehackt
Salz, Pfeffer

Die Oliven klein hacken und zusammen mit den anderen Zutaten vermischen, würzig abschmecken und die Strudel damit füllen.

FÜLLUNG 2:

SCHAFSKÄSEFÜLLUNG

200 g Schafskäse, klein geschnitten
20 g Petersilie, klein geschnitten
20 g geröstete Mandeln, klein gehackt
1 EL Honig
1 EL Olivenöl
1 TL Schwarzkümmelsamen
Salz, Pfeffer, Zucker

Alle Zutaten miteinander vermischen, würzig abschmecken und Strudel damit füllen.

Füllungen für ca. 6–8 Ministrudel

FÜLLUNG 3:

TOMATE-MOZARELLA-BASILIKUM

100 g Tomaten, fein gewürfelt
50 g Tomaten, getrocknet, fein gewürfelt
120 g Mozzarella, fein gewürfelt
50 g Parmesan, gerieben
1 Knoblauchzehe, fein gehackt
50 g Crème fraîche
25 g Basilikum, fein gehackt
Salz, Pfeffer, 1 Prise Zucker

Alle Zutaten miteinander vermengen, ½ Stunde kühl stellen und die Strudel damit füllen.

FÜLLUNG 4:

KAROTTEN-PILZ-FÜLLUNG

60 g Zwiebeln, in Scheiben geschnitten
25 g Ingwer, gehackt
1 Knoblauchzehe, gehackt, etwas Öl
400 g Karotten, in Scheiben geschnitten
4 EL Sojasoße, dunkel
2 EL Ahornsirup
100 g Egerlinge
Petersilie, Salz

Zwiebeln, Ingwer und Knoblauchzehe in einer Pfanne mit etwas Öl anbraten. Karotten dazugeben und 5–10 Minuten mitbraten. Sojasoße und Ahornsirup untermischen und ein paar Minuten mitschmoren. Einen Deckel auf die Pfanne setzen und die Karotten weich dünsten. Immer wieder umrühren. Sobald die Karotten weich sind, in einem Mixer fein pürieren. Die Egerlinge fein hacken und zusammen mit etwas gehackter Petersilie mit der Masse vermengen. Mit Salz abschmecken und Strudel damit füllen.

FÜLLUNG 5:

MANGOLD-BIRNEN-FÜLLUNG

30 g Butter
100 g Mangold, klein geschnitten
20 g Zwiebeln, klein geschnitten
5 g Knoblauch, klein geschnitten
60 g Austernpilze, klein geschnitten
60 g Walnüsse
200 g Birnen
100 g Schafskäse
1 EL Frischkäse
2 EL Ahornsirup
Salz, Pfeffer, Muskat

Die Butter in einer Pfanne aufschäumen. Mangold, Zwiebeln, Knoblauch und Austernpilze darin anschwitzen.

Die Walnüsse in einer Pfanne ohne Fett rösten und dann im Mixer fein pürieren. Die Birnen und den Schafskäse in kleine Würfel schneiden. Mangold und Walnüsse in eine Schüssel füllen und mit den restlichen Zutaten vermengen, würzig abschmecken und Strudel damit füllen.

FÜLLUNG 6:

PEPERONIFÜLLUNG

100 g Peperoni, mild eingelegt
200 g Schafskäse
1–2 EL Honig
1 EL Olivenöl
etwas Abrieb einer Zitrone
etwas Oregano, frisch, gehackt
etwas Minze, frisch, gehackt

Peperoni und Schafskäse klein schneiden. Mit den restlichen Zutaten vermengen, würzig abschmecken und Strudel damit füllen.

FÜLLUNG 7:

KÄSE-SPECK-FÜLLUNG

60 g Schafskäse, fein geschnitten
60 g Ziegenkäse, fein geschnitten
100 g Mozzarella, gerieben
100 g Südtiroler Speck, fein gewürfelt
1 Knoblauchzehe, fein gehackt
50 g Lauch, fein gehackt
2 EL Olivenöl
20 g Aprikosen, getrocknet, fein gehackt
1 El Aprikosenmarmelade
1 EL Rosmarin, fein gehackt
Salz, Pfeffer, Zucker

Alle Zutaten vermengen, würzig abschmecken und Strudel damit füllen.

FÜLLUNG 8

LAUCH-KÄSEFÜLLUNG

40 g Butter
300 g Lauch, fein geschnitten
150 g Zucchini, klein gewürfelt
150 ml Weißwein
2 EL Crème fraîche
etwas Thymian
60 Walnüsse, fein gehackt
200 g Emmentaler-Käse, gerieben
Salz, Zucker, Pfeffer

Die Butter in einer Pfanne aufschäumen, den Lauch hineingeben und farblos anschwitzen. Die Zucchini für ein paar Minuten mitschmoren. Mit Weißwein aufgießen und einkochen lassen. Crème fraîche, Thymian und Walnüsse dazugeben und kurz mitziehen lassen. In eine Schüssel umfüllen und mit dem Emmentaler-Käse vermischen. Mit Salz, Zucker und Pfeffer würzig abschmecken und Strudel damit füllen.

FÜLLUNG 9

PISTAZIEN-FETA-FÜLLUNG

70 g Pistazien, geröstet, fein gehackt
200 g Fetakäse, klein geschnitten
150 g Apfel, klein geschnitten
2 EL Olivenöl
1 Knoblauchzehe, fein gehackt
etwas Ingwerabrieb
60 g Paprika, rot, fein gewürfelt
1–2 EL Honig

Alle Zutaten vermengen und würzig abschmecken. Strudel damit füllen.

FÜLLUNG 10

ASIATISCHE GEMÜSEFÜLLUNG

100 g Chinakohl, 60 g Karotten
50 g Staudensellerie, 50 g Frühlingslauch
60 g Paprika, rot, 40 g Rettich
etwas Ingwer, gerieben
1–2 Knoblauchzehen, fein gehackt
1 TL Salz, 2 EL Zucker
etwas Chili, 1 EL Fischsoße
1 EL Austernsoße
1 ½ EL Sesamöl, geröstet
1 EL Sojasoße
½ Limette, Saft
1 EL Erdnussbutter
15 g Korianderblätter, fein gehackt
Sesamkörner

Das gesamte Gemüse in ca. 5 cm lange feine Stifte schneiden. Das Gemüse mit Ingwer, Knoblauch, Salz und Zucker 5 Minuten marinieren. Chili, Fischsoße, Austernsoße, Sesamöl, Sojasoße, Limettensaft, Erdnussbutter und Koriander dazugeben und vermengen. ½ Stunde kühl stellen. Die kleinen Strudelrollen damit füllen und vor dem Backen mit Sesam bestreuen.

FÜLLUNG 11

RÄUCHERFORELLENFÜLLUNG

150 g Forelle, geräuchert, ohne Haut
2 EL Mayonnaise, 1 TL Meerrettich
1 EL Senf, Maille à l'Ancienne
1–2 EL Dill, fein gehackt
2 Eigelbe, 1 ½ EL Akazienhonig
1 EL Fenchel, fein gehackt
1 EL Schnittlauch, fein gehackt
etwas Ingwer, gerieben
Salz, Pfeffer

Die Forellenfilets klein hacken. Mit den restlichen Zutaten vermengen und ½ Stunde kühl stellen. Strudel mit der Masse füllen.

FÜLLUNG 12

KOHLRABI-PETERSILIEN-FÜLLUNG

200 g Petersilienwurzeln
200 g Kohlrabi, 30 g Egerlinge
30 g Karotten, 15 g Blattpetersilie
15 g Lauch, 15 g Salbei, 1 EL Zucker
1 EL Salz, 2 Eier, 100 g Ziegenkäse
120 g Walnüsse
Pfeffer, etwas Zucker
Walnüsse zum Bestreuen der Strudel

Die Petersilienwurzeln, Kohlrabi, Egerlinge sowie die Karotten klein würfeln und in eine Schüssel füllen. Blattpetersilie, Lauch und Salbei fein hacken und dazugeben. Mit Salz und Zucker marinieren und 5 Minuten ziehen lassen. Die Eier und den Ziegenkäse untermischen und vermengen. Die Walnüsse in einer Pfanne ohne Fett rösten. 100 g davon in einem Mixer pürieren. Die restlichen 20 g grob hacken. Das Walnussmehl unter die Gemüsemasse heben und vermengen. Die Masse ½ Stunde kalt stellen. Die gefüllten Strudel vor dem Backen mit gehackten Walnüssen bestreuen.

FÜLLUNG 13

SÜSSKARTOFFEL-BÄRLAUCH-FÜLLUNG

500 g Süßkartoffeln, geschält
20 g Zwiebeln, fein gewürfelt
1 EL Butter
100 g Ziegenkäse, fein gehackt
1 EL Crème fraîche
20 g Semmelbrösel
10 g Bärlauch, fein gehackt
1 Eigelb
1 Prise Zucker, etwas Paprika
etwas Sesamöl, geröstet, Salz, Pfeffer

Süßkartoffeln in Salzwasser kochen, durch eine Kartoffelpresse drücken und abkühlen lassen. Die Zwiebeln in einer Pfanne in etwas Butter anschwitzen. Zusammen mit Ziegenkäse, Crème fraîche, Semmelbröseln, Bärlauch und dem Eigelb vermengen. Mit Zucker, Paprika, Sesamöl, Salz und Pfeffer würzig abschmecken. Die Masse ½ Stunde kühl stellen und die Strudel damit füllen.

SOSSE 1:

GURKENJOGHURT (ZAZIKI)

300 g türkischer oder griechischer Joghurt
Salz, Zucker
200 g Salatgurke, fein geschnitten oder geraspelt
etwas Minze, klein gehackt
etwas Thymian, fein gehackt
1 Knoblauchzehe, mit Salz gemörsert
1–2 EL Olivenöl, fruchtig, Pfeffer

Die Gurke in eine Schüssel füllen, etwas Salz und Zucker dazugeben. Joghurt, Minze, Thymian und Knoblauch dazugeben und alles verrühren. Mit Olivenöl und Pfeffer abschmecken.

SOSSE 1:

SOJA-PONZUSOSSE

200 ml Sojasoße, hell
2 EL Ponzusaft oder alternativ Zitronensaft mit Orangensaft gemischt
2 EL Honig
Etwas Mirin (Süßwein)
Etwas Thymian
6 EL mildes Olivenöl
Salz, Pfeffer

Alle Zutaten miteinander verrühren und mit Salz und Pfeffer würzig abschmecken.

Füllungen für ca. 6–8 Ministrudel

SÜSSE SNACKSTRUDEL

FÜLLUNG 1

HIMBEER-KOKOS-FÜLLUNG

250 g Himbeeren
2 PK Vanillezucker, 60 g Gelierzucker
60 g Kokosraspeln, 80 g Schmand
100 g Ricotta, 3 Eigelbe
etwas Limettensaft

150 g Himbeeren zusammen mit dem Vanillezucker und dem Gelierzucker ca. 3–4 Minuten aufkochen, durch ein Sieb streichen und abkühlen lassen. Die Kokosraspeln in einer Pfanne leicht rösten, ohne dass sie Farbe nehmen. In einem Mixer fein pürieren. Himbeermark, Kokosmehl, Schmand, Ricotta und 2 Eigelbe vermengen. Mit etwas Limettensaft würzen. ½ Stunde kühl stellen und Strudel damit füllen. Restliche Himbeeren darüber verteilen und Strudel aufrollen.

FÜLLUNG 2

MANGO-PASSIONSFRUCHT-FÜLLUNG

150 g Mango, klein gewürfelt
2 Passionsfrüchte, 50 g Zucker, etwas Strohrum, 100 g Ricotta, 2 Eigelbe
130 g Kokosraspeln

Die Mangowürfel mit den Passionsfruchtfleisch vermengen. Danach mit Zucker, Strohrum, Ricotta und 2 Eigelben verrühren. Die Kokosraspeln leicht rösten und in einem Mixer fein pürieren. Zur Mangomasse hinzufügen. ½ Stunde kühl stellen und Strudel damit füllen.

FÜLLUNG 3

VANILLE-HEIDELBEER-FÜLLUNG

100 g Mandelblättchen
250 g Topfen, 150 g Mascarpone
4 PK Vanillezucker, 2 EL Vanillemark
1 ½ EL Zucker, 2 Eigelbe
etwas Zitronensaft, 100 g Heidelbeeren

80 g Mandelblättchen in einer Pfanne ohne Fett rösten. In einem Mixer fein pürieren. Topfen, Mascarpone, Vanillezucker, Vanillemark, Zucker und Eigelbe zusammen mit dem Mandelmehl verrühren. Mit etwas Zitronensaft abschmecken. Die Heidelbeeren am Schluss unterheben. Die Vanillemasse für ½ Stunde in den Kühlschrank stellen. Nach dem Füllen der Strudel mit den restlichen Mandelblättchen vor dem Backen bestreuen.

GRUNDSÄTZLICHE HERSTELLUNG DER HERZHAFTEN UND SÜSSEN SNACKSTRUDEL

Yufka-Teigblätter „Baktat"
(dreieckige Yufkablätter bekommt man im türkischen Supermarkt)
Unsere Empfehlung siehe Seite 17
50 g Butter, flüssig
1 Eigelb
für jeweils 6–8 Stück

Auf dem vorderen Drittel eines Yufka-Teigblattes ca. 30–50 g der jeweiligen Strudelmasse verteilen. Die Seiten einschlagen und fast ganz aufrollen. Bevor man den Snackstrudel verschließt, das Endstück mit Eigelb bestreichen, es wirkt wie ein Kleber. Danach die Snackstrudel auch außen mit Eigelb und Butter rundum bestreichen und mit der Nahtstelle nach unten auf ein mit Backpapier belegtes Backblech legen. Mit einer Nadel mehrmals einstechen, damit Feuchtigkeit beim Backen entweichen kann. So vermeidet man, dass die Strudel aufplatzen. Bei 180 °C Ober-/Unterhitze goldgelb backen.
Alle Strudel schmecken warm und kalt gleichermaßen. Zu den herzhaften Varianten kann man eine oder beide Soßen reichen.

BLÄTTERTEIGSTANGERL

5 Varianten gegen den kleinen Hunger

Perfekt zum Wein oder Bier, für zwischendurch oder als Partybegleiter – diese fünf Varianten gehen weg wie warme Semmeln. Der Blätterteig wird diesmal nicht gerollt, sondern geschnitten.

PESTO-TOMATEN-PAPRIKA:

40 g Pinienkerne, 5 EL Olivenöl
70 g Zwiebeln, fein gehackt
10 g Knoblauch, fein gehackt
40 g Champignons, fein gehackt
80 g getrocknete Tomaten, fein gehackt
70 g Basilikumpesto (siehe Seite 91)
25 g Ajvar oder Adzhika
2 EL Schmand
100 g Paprika, fein gewürfelt
etwas Ingwerabrieb, Salz
2 Teigblätter schneller Blätterteig (s. Seite 14) oder 2 Rollen aus Kühlregal
1 Ei, Käse, gerieben, Gouda o. Emmentaler

Die Pinienkerne in einer Pfanne ohne Fett rösten. Olivenöl in der Pfanne erhitzen. Zwiebeln, Knoblauch und Champignons darin anbraten. In eine Schüssel umfüllen und abkühlen lassen. Mit den getrockneten Tomaten, dem Basilikumpesto, Ajvar und Schmand vermischen. Die Paprikawürfel und den Ingwer unterheben und mit Salz würzig abschmecken.

Schritt 1: Die Masse auf einem Blätterteigblatt verteilen und Pinienkerne darüberstreuen. Ein weiteres Blätterteigblatt darüberlegen und andrücken. Mit Schritt 2 fortfahren.

Bei gekauften Blätterteigrollen das obere Blatt Papier abziehen, das untere belassen. Die Füllung auf dem Teig verteilen und die Pinienkerne darüberstreuen. Von der zweiten Rolle Blätterteig wieder das obere Blatt Papier abziehen und mit der Teigschicht nach unten auf die Füllung legen, andrücken, das Papier abziehen.

Schritt 2: Das Ei verquirlen und den Blätterteig damit bestreichen. Einmal in der Mitte teilen und dann längs in ca. 2-3 cm breite Streifen schneiden. Jeden Streifen in sich verdrehen und auf ein Backblech legen, das mit Backpapier belegt ist. Mit Käse bestreuen. Im vorgeheizten Backofen bei 180 °C Ober-/Unterhitze ca. 25 Minuten goldgelb backen.

PILZE-OLIVEN-MOHN-SESAM:

40 g Pinienkerne, 5 EL Olivenöl
100 g Zwiebeln, fein gewürfelt
10 g Knoblauch, fein gewürfelt
200 g Egerlinge, fein gewürfelt
50 ml Rotwein
40 g Parmesan, 1 EL Crème fraîche
40 g Basilikumpesto (siehe Seite 91)
40 g Oliven, schwarz, fein gewürfelt
2 Teigblätter schneller Blätterteig (s. Seite 14) oder 2 Rollen aus Kühlregal
1 Ei, Sesam, weiß, Mohn, gemahlen

Die Pinienkerne in einer Pfanne ohne Fett rösten und herausnehmen. Das Olivenöl in der Pfanne erhitzen und die Zwiebeln, Knoblauch und Egerlinge darin anbraten. Mit Rotwein ablöschen und komplett verkochen lassen. Parmesan und Crème fraîche unterrühren und kurz mitköcheln lassen. Abkühlen lassen, Pesto und Oliven unterheben.

Schritt 1: Die Masse auf einem Blätterteigblatt verteilen und Pinienkerne darüberstreuen. Ein weiteres Teigblatt darüberlegen und andrücken. Mit Schritt 2 fortfahren.

Bei gekauften Blätterteigrollen das obere Blatt Papier abziehen, das untere belassen. Die Füllung auf dem Teig verteilen und die Pinienkerne darüberstreuen. Von der zweiten Rolle Blätterteig wieder das obere Blatt Papier abziehen und mit der Teigschicht nach unten auf die Füllung legen, andrücken, das Papier abziehen.

Schritt 2: Das Ei verquirlen und den Blätterteig bestreichen. Auf einer Seite mit Sesam bestreuen. Die andere Seite mit Ei bestreichen und dann mit Mohn bestreuen. Den Blätterteig einmal in der Mitte teilen und dann längs in ca. 2-3 cm breite Streifen schneiden. Jeden Streifen in sich verdrehen und auf ein Backblech legen, das mit Backpapier belegt ist. Mit Käse bestreuen. Im vorgeheizten Backofen bei 180 °C Ober-/Unterhitze ca. 25 Minuten goldgelb backen.

TOMATEN-SCHINKEN-SALBEI-ROSMARIN:

5 EL Olivenöl
70 g Zwiebeln, fein gehackt
1 Knoblauchzehe, fein gehackt
100 g Tomatenmark
Salz, Pfeffer
130 g Schinken, kleine Würfel
etwas Salbei, fein gehackt
etwas Rosmarin, fein gehackt
2 Teigblätter schneller Blätterteig (s. Seite 14) oder 1 Rolle aus Kühlregal
Käse, gerieben, Gouda oder Emmentaler

5 EL Olivenöl in einer Pfanne erhitzen und darin Zwiebeln und Knoblauch anschwitzen. Das Tomatenmark dazugeben, ebenfalls anschwitzen und abkühlen lassen. Mit Salz und Pfeffer würzig abschmecken. Die Masse auf einem Blätterteigblatt verstreichen. Darauf Schinkenwürfel, Salbei und Rosmarin streuen. Den Blätterteig in der Mitte teilen. Dann längs in ca. 3–4 cm breite Streifen schneiden und auf ein mit Backpapier belegtes Backblech legen. Mit Käse bestreuen und im vorgeheizten Backofen bei 180 °C Ober-/Unterhitze ca. 15 Minuten backen.

SALAMI-KÄSE-OREGANO:

5 EL Olivenöl
50 g Zwiebeln, fein gehackt
1 Knoblauchzehe, fein gehackt
50 g Tomatenmark, 100 g Quark
Salz, Pfeffer, 1 Prise Zucker
150 g Salami, fein gewürfelt
etwas Oregano, fein gehackt
2 Teigblätter schneller Blätterteig
(s. Seite 14) oder 2 Rollen aus Kühlregal
1 Ei, Käse, gerieben, Gouda o. Emmentaler

Olivenöl in einer Pfanne erhitzen. Darin Zwiebeln und Knoblauch anschwitzen. Das Tomatenmark dazugeben und rösten. Abkühlen lassen, mit Quark vermengen, mit Salz, Pfeffer und Zucker würzig abschmecken. Die Masse auf einem Blätterteigblatt verstreichen. Mit Salamiwürfeln und Oregano bestreuen. Mit einer zweiten Blätterteigplatte belegen und andrücken. Das Ei verquirlen und damit bestreichen. Den Blätterteig in der Mitte teilen und dann längs in ca. 2-3 cm breite Streifen schneiden. Jeden Streifen in sich verdrehen und auf ein mit Backpapier belegtes Backblech legen. Mit Käse bestreuen und im vorgeheizten Backofen bei 180 °C Ober-/Unterhitze ca. 25 Minuten goldgelb backen. Mit gekauftem Teig wie links beschrieben vorgehen.

SÜSSE STANGERL

Haselnuss-Rum-Stangerl:

200 g Haselnüsse, gemahlen
40 g Butter, weich
60 g Zucker
1 Ei
1 Prise Zimt
1 TL Kakao
1 EL Rum
½ Zitrone, Abrieb
2 Teigblätter schneller Blätterteig
(s. Seite 14) oder 2 Rollen aus Kühlregal

Glasur:

150 g Puderzucker
1 EL Rum
1 EL Zitronensaft

Die gemahlenen Haselnüsse in einer Pfanne langsam rösten und abkühlen lassen. Butter, Zucker und Ei mit einem Handrührgerät schaumig schlagen. Die Haselnüsse und die restlichen Zutaten zugeben und gut vermengen.

Den Backofen auf 200 °C Umluft vorheizen. Die Nussfülle auf dem Blätterteig mit Hilfe eines Teigschabers gleichmäßig verteilen. Den zweiten Blätterteig darüberlegen und leicht andrücken.
Bei gekauftem Blätterteig verfahren wie bei der Füllung „Pesto-Tomaten-Paprika" beschrieben.
Mit einem Pizzaroller oder Messer 1,5 cm breite Streifen schneiden. Jeden Streifen an den Enden gegeneinander verdrehen und auf ein mit Backpapier belegtes Backblech legen. Etwas Abstand lassen, da die Blätterteigstangen aufgehen.
Ca. 20 Minuten goldgelb backen, aus dem Backrohr nehmen und auf einem Gitterrost leicht auskühlen lassen. Für die Glasur alle Zutaten gut miteinander vermischen. Mit einem Pinsel auf die noch warmen Stangerl gleichmäßig auftragen und kalt werden lassen.

REGISTER

Rezepte: Hans Bauer und Sandra Leitner
Cover- und Buchgestaltung: Hans Bauer
Illustrationen: Hans Bauer
Fotografie: Hans Bauer

IMPRESSUM

Bibliografische Information der Deutschen Nationalbibliothek
Die Deutsche Nationalbibliothek verzeichnet diese Publikation in der Deutschen Nationalbibliografie, detaillierte bibliografische Daten sind im Internet über http://dnb.dnb.de abrufbar.

ISBN 978-3-95587-813-9

Für uns, die Battenberg Gietl Verlag GmbH mit all ihren Imprint-Verlagen, ist Nachhaltigkeit ein wichtiger Teil unserer Unternehmensphilosophie. Daher achten wir bei allen unseren Produkten auf den Einsatz umwelt schonender Ressourcen und Materialien. Dieses Buch wurde auf FSC®-zertifiziertem Papier gedruckt. FSC (Forest Stewardship Council®) ist eine nicht staatliche, gemeinnützige Organisation, die sich für die verantwortungsvolle und ökologische Nutzung der Wälder unserer Erde einsetzt.
Unsere Partnerdruckerei kann zudem für den gesamten Herstellungsprozess nachfolgende Zertifikate vorweisen:
- Zertifizierung für FOGRA PSO
- Zertifizierungssystem FSC®
- Leitlinien zur klimaneutralen Produktion (Carbon Footprint)
- Zertifizierung EcoVadis (die Methodik besteht aus 21 Kriterien in den Bereichen Umwelt, Einhaltung menschlicher Rechte und Ethik)
- Zertifikat zum Energieverbrauch aus 100% erneuerbaren Quellen
- Teilnahme am Projekt „Grünes Unternehmen" zum Schutz von Naturressourcen und der menschlichen Gesundheit

1. Auflage 2022

ISBN 978-3-95587-813-9

Alle Rechte vorbehalten!
© 2022 SüdOst Verlag in der Battenberg Gietl Verlag GmbH, Regenstauf

www.battenberg-gietl.de